「弔」怖い話《とむらいのこわいはなし》

加藤 一

竹書房
怪談
文庫

※本書に登場する人物名は、様々な事情を考慮して一部の例外を除きすべて仮名にしてあります。また、作中に登場する体験者の記憶と体験当時の世相を鑑み、極力当時の様相を再現するよう心がけています。現代においては若干耳慣れない言葉・表記が登場する場合がありますが、これらは差別・侮蔑を意図する考えに基づくものではありません。

端書き

難しい怪談というものがあります。

実話怪談は、聞いて書く。取材して書く。あったるものとして書く訳ですが、三十年以上に亘って実話怪談と向き合ってきて、未だ「どうにも難しい」と思えるものがあります。

一つは、夢に纏わる怪談。もう一つは、閨事に纏わる怪談。

そして最後の一つは、神様に纏わる怪談。百歩譲って、人の霊、呪い、祟り、一風変わった能力の話は体験者も案外気易く語って下さいますし、読者諸氏にも受け入れていただき易いのです。が、妖怪を目撃した話と並んで「神様が絡んでくる話」については、話す人も聞く人も書く我々も、読まされる百戦錬磨の怪談ジャンキーの方々すらも、どこか構えてしまわれます。それ故に、語る側もなかなかすんなり切り出して下さらない。

大抵の怪談は、極めてプライベートな個人の観測、個人の体験を元に語られます。その個人の超然とした体験の中でも極めて検証が難しい怪異譚、それが「神様に纏わる怪談」です。苦手意識で先送りしていたら、難しい宿題ばかり残ってしまいました。はてさて。

著者

目次

水

ある春の日のこと。

休日の朝、夫は朝寝坊を楽しんでいる。

朝食の支度を調え、そろそろ寝ぼすけに声を掛けようか、と顔を上げた。

夫の寝ている和室に続く襖は開け放たれている。

そこから、水が現れた。

否、水の塊が人間の形を取ったようなもの。

それは不自然に形を変えながら居間を横切り、居間の反対側の壁に取りつくと、消えた。

滴る水痕も何もなく、しかしそれは確かに水だった。

夫に何か――!?

と確かめるも、夫はむにゃむにゃと寝返りを打つばかりで普段と変わった様子はない。

今のアレはいったい何なのか。

自分の頭がどうかしたのだろうか。

不安に駆られて実家に電話を掛けた。

「もしもし、今――」

『よかった、今こっちから電話しようと思ってた』

受話器の向こうで、母がこちらの問いかけを遮って言った。

『たった今、お祖母ちゃんが息を引き取ったところ』

彼女に水の塊が見えたのはそのとき限りだったが、その後も時々異形を見かけることがある。

8

雲の随《まにま》に

水島さんの御友人に、ちょっと凄い人がいた。

——ちょっと凄い、とは。

「端的に言うと、一種の予知能力がある人ですね」

何と言うか、地震を確実に当てるのだそうだ。

「明日、地震がある」

彼がそう言うと、その翌日には確実に地震が起きた。なかなかの的中率だった。

大した特殊能力だと思うのだが、当人はと言うと、

「これは特殊能力じゃない。単純に知識の問題だよ」

と言う。謙遜ではなく、真顔でそれを言う。

「地震雲ってあるだろ？　アレだよアレ」

彼曰く。

「空を眺めて地震雲が見えたら、次の日に地震が起きる。それだけのこと」

確かに、〈地震の予兆を知らせる地震雲〉という説はないではない。

普段見かけない稀な、特殊な形の雲が地震を知らせる、というアレだ。

多くの場合、鰯《いわし》雲、鱗《うろこ》雲、漣《さざなみ》雲、飛行機雲、珍しいところで彩雲《あやくも》やレンズ雲、前線の気圧の境目にできた境界線のような雲を見て、「きっと何かあるに違いない」と思い込む。

気象庁の見解では、「地中で起きる大地の現象としての地震と、大気の現象として起きる雲の連動に、説明可能な明確なメカニズムはなく、地震雲について科学的な扱いはされていない」ということになっている。

が、しかし、件の御友人は言う。

「あれがそういう雲だ、って一目見て理解できれば、次からは雲を見るだけで誰にでも分かるよ」

彼は身振り手振りに言葉を重ねて、その「見れば一発で誰にでも分かる地震雲」の形状を説明しようとするのだが、それが今ひとつよく分からない。彼の語彙が致命的に足りないのもあろうが、所詮は雲、ただの雲なのでうまく喩えることができないらしい。

「だーかーらー、あんなんただの雲だって。何であんなにはっきりしてるのに、皆分からないんだ！」

焦れてきたのか、御友人は空の一角を指差した。

「現物見りゃ一発だよ！　今、丁度見えてるし！　ほら、あれ！」

空は青く晴れ渡っている。

「え？　どれ？」

「だから、あれ！　あのくっきりしてる奴！」

「えっ？　どれ？　もう流れた？」

「違う！　流れてない！　あれだよあれ！」

空は青く晴れ渡っている。雲は一つもない。

彼が差す指先を目で追うのだが、近くも遠くもいずれにも雲らしき雲が見当たらない。

「何で分かんないかなあ！　あんなにはっきり見えてるのに！」

そこで、はたと気が付いた。

地震雲の正体は雲ではないのでは。

彼に見えているのは、雲ではなくて「雲のように見える別の何か」なのでは。

そういう話の流れでもなかったので、それ以上は触れないでおいた。

本番前

有坂さんが高校一年生の冬の話。

本番を明日に控え、演劇部は合宿の最終日を迎えていた。

本読み、声出し、台詞を覚えて大道具を作り、試験勉強をしつつ稽古に稽古を重ねてゲネプロも終えた。

二月末、三年生の卒業を前に、一年、二年主体の新体制で作る節目の舞台である。

やれることは全てやった。後は本番あるのみ。

ということで、今日はこのまま部員全員で合宿所に泊まることになっていた。弥《いや》が上にも部員全体の一体感が増してくる。

同じ釜の飯を食い、同じ舞台の成功を目指してきた。青春である。

「さて、明日はいよいよ本番だ。今日は興奮して寝付けないかもしれないけど、しっかり寝て明日に備えてくれ。寝不足で台詞噛みました、とか三年の先輩方に顔向けできないからな！　それと男子！　男女別に部屋分けてるけど、夜這いとかすんなよ！」

部長の下らないジョークに、ドッと笑いが出た。

そして、深夜。

それは女子の部屋で起きた。

「うう……」

有坂さんの隣で寝ていた友人が魘《うな》されている。

寝苦しいのか寝付けないのか。それとも、明日の本番を前に緊張しているのか。

小さくない役を貰って舞台に立つ友人は、いつもなら度胸の据わった芝居をするのだが、そんな友人でも緊張することがあるのだろうか。

友人は、魘されていた。

魘され、そして激しく暴れ始めた。

合宿所の布団を撥ねのけ、手足をバタバタと動かす。

引き攣《つ》ったかのように身体を仰け反らせたかと思うと、辺り構わず転がり出す。

振り回した手足が、有坂さんに当たる。

友人の肘が有坂さんの背を打ち、曲げた膝は一年生の肩にぶつかる。

「ちょっと、やめてよ。寝相悪すぎ」

悪夢に魘されているのだろう友人を起こそうとしたのだが、友人はその手を撥ねのけ更に暴れた。

同室の女子部員が起き出し、友人を取り押さえようとする。

友人はどちらかといえば、か細く背も高くない。およそ力のあるタイプではない。にも拘らずその力は強く、五、六人掛かりで手足を押さえ込もうとのし掛かったが、その場の全員が撥ね飛ばされた。

そして、叫んだ。

「触るな。我に触れるな」

野太い男の声。

ソプラノに近い甲高い友人の声とは似ても似つかない。

男子部員を叩き起こし、顧問の手も借りてどうにか友人を取り押さえた。

押さえ込まれたまま、友人は救急病院に連れていかれた。鎮静剤を打たれて静かになって合宿所に戻ってはきたが、意識がない様子なのに頻りに言葉を発している。

誰かと話しているのか、何かを訴えているのか、そこのところは分からないのだが、寝言とも思えない。

幾ら芸達者な友人とはいえ、意識のないまま男の声でモノローグなど芸達者が過ぎる。


翌朝、友人は復調した。

周囲の心配をよそに「大丈夫だから」と押し切って、本番をこなした。

舞台は恙《つつが》なく成功裏に終えた。

その後、すぐに友人は「入院」と相成った。

何処の、何の、とは誰も口にしなかった。合宿所でのあの状態を部員誰もが知っているし、それによって友人が受けることになる「治療」について改めて言葉にするのを、皆何処か恐れていた。

友人の様子は気にはなった。見舞いを許してくれるような類の病院ではないらしく、またそもそも何処に入院したかについて、友人の家族は教えてくれなかった。

それでも、友人は病院の外にいる有坂さんとどうにか連絡を取ろうとした。

夜毎、友人から電話が掛かってきた。

どうにかして看護師の目を盗み、有坂さんに電話を掛けてきた友人は、嗚咽《おえつ》を漏らしつつ訴えた。

「助けて。もう、何が何だか分からない。何故、こんなことになってるのか」

「大丈夫、すぐに良くなるよ」

根拠もなくそう宥めることに引け目がなかったとは言えないが、他に掛ける言葉など見つからない。

「この病院やだよ。怖い。夜になると、女の子が来るんだよ。怖いよ」

病床の彼女の腹の上に、少女が現れる。

少女は、腹を踏んで跳ね回る。

内臓を踏みにじられる鈍痛で息が詰まる。

こんなところ、早く帰りたい。

友人は毎晩そう繰り返した。

「それで友人の家族は娘の訴えを聞いて、お祓いっていうか……拝み屋さんに相談に行ったそうなんですが……」

拝み屋は「結核で幼くして亡くなった地縛霊の仕業である」と結論した。

どのような方法で、どのように問題を解決できたかは知らないが、春休みが明けて新学期が始まる頃には、友人は以前と変わらぬ様子で登校してきた。

件の合宿所のあった場所には、かつて別の施設があった。

聞くところによると、市営病院の隔離病棟であったとのことで、なるほど曰くは繋がっている。

ただ、この話を伺って、どうにも一点気になるところがある。

拝み屋は「結核で死んだ幼子の霊だ」と指摘した。

しかし御友人が合宿所で暴れたとき、「野太い男の声」で叫んだ、とあった。

拝み屋は、幼子の霊を友人の異常行動の原因として祓ったのだとする。

では、野太い男の声の主は？　それは誰か？　どうなったのか？　祓われたのか？

随分古い話であること、以降何も起きなかった、とのことで、これ以上詳しくは分からない。

つかれた父

筑紫さんの父は、とあるオフィスの契約社員として勤務中である、とのこと。

そして、お盆のシーズンともなるといよいよ大変らしい。

お盆休みも近くなってきた頃、帰宅した父が大変そうだった。

「父さん、今日は一杯つかれてるねえ」

労い半分、呆れ半分でそう声を掛けた。

娘の労いに、父は応えた。

「そうなんだよ。仕事が忙しくてさあ。疲れたよ」

娘は首を傾げた。

「え？　いや、そうでなくて。つかれてるなあ、って」

「え？　いや、疲れてるよ？」

筑紫さんの父のオフィスはというと、隣に動物病院。

逆方向の隣に墓地がある。

父はたまに何かしら連れ帰ってくるが、お盆のこの時期は特に多いのだそうで、その背後には人やら動物やらがたくさん〈憑いて〉いるらしい。

父の「疲れ」は間違いなく「憑かれ」ているせいなのではないか、と思う。

大変そうなのに、当人にはその自覚が余りない。

忠言

筑紫さんは元々そうだった、という自覚がある訳ではない。

幾つかの事件を経て、〈分かる〉ようになった。

それに伴い、それまで然程《さほど》興味がなかった分野に惹かれるようになった。

色々変化はあったが、中でも怪談だのホラーだの、そういったものが気になり始めた。

自分だけが特別なのか、自分に起きていることは案外ありふれたことなのか。

似たような体験をした者はいるのか、解決策のようなものはあるのか。

そういったヒントを求めて、実話怪談本やホラー小説などを読むようになった。

筑紫さんの父は、娘のそうした状況を知ってか知らずか何かと理解があった。

蔵書の怪談本も、娘が読んでみたいというならと快く貸し出してくれた。

そして、アドバイスまでしてくれた。

「いいかい？　この本は、一晩で読んではいけない。せめて二日以上に分けなさい。半分ずつでも、三分の二と三分の一でもいいから」

「何故？」

理由を問うと、父は真顔で言った。

「一晩で一気に読むと百物語が完成してしまうからだ」

どうやら、父は過去に実際にそういった経験をしたらしい。

実体験に勝るものなし。

「一冊で百話揃ってないような本なら大丈夫なんじゃないの？」

「いいや、ダメだ。本を跨《また》いでも、累計百話になると有無を言わさず百物語成立したことになるんだ」

……それだと、一晩掛けようが二日に分けようが、逃げ場がないのでは？

父は「こんな本を読むと碌《ろく》なことにならないぞ」と諫めてくれているのかとも思ったが、その割に過去に買い集めたらしき本は貸してくれる。

理不尽である。

父が何を体験したかについては当人が語らないので委細不明。

ブランコ

筑紫さんの父が友人と飲んだ帰りのこと。
二人で夜道を歩いていて、公園の近くを通り掛かった。
見ると、ブランコが揺れている。
今し方、誰かが乗っていたのか、キィキィと鉄の擦れる音がする。
風がある訳でもないのに、ブランコは揺れ続けている。
「誰もいねえのにな」
気持ち悪いな、と戯けた。
友人は、ふるふると首を振り、足早にそこを離れようとする。
おい、待てよ、と後を追う。
公園の明かりが見えなくなるくらいまで離れたところで、友人は言った。
「さっきのブランコ、小さな女の子が漕いでたぞ」

窃視

その頃、佐野さんがお勤めの百貨店は折良く空いたばかりの建物に移転することになっていた。

以前その建物に入っていたデパートは撤退してしまったので、実質居抜きのようなものではあったのだが、商品の搬入計画やら何やらが確定するまでの間、移転先の建物はまだがらんとしていた。

そういう状態であるので、当然客は入れていないし販売員など現場スタッフも出番はまだ先。せいぜいが、内装を請け負ったリフォーム会社が出入りするくらいだが、それも数が知れている。

客を入れていないので構内の照明は本当に必要なところ以外消灯されていて、昼間でもどことなく暗い。

別に廃墟ではないし、立地で言えば駅にも近い好立地であるにも拘らず、構内の暗さからか何処か廃墟感が感じられた。

もちろん、これから新たに百貨店を入れて新装開店しようかという矢先であるのだが、この人目の少なさに目を付けた人々もいた。

佐野さんは自社の移転計画を担当する職場の先輩と連れ立って、屡々《しばしば》この建物を訪れていた。

もちろん現場に仕事上の用事があってのことだが、仕事以外にも用事はあった。

何処の建物でもそうだが、人の出入りの多いデパートやショッピングモールでは、人々は別の階へはエレベーターやエスカレーターで移動する。それはリフォーム作業中であっても同様である。機材や資材の搬入、職人の出入り、それらはエレベーターが使われる。

そして、何処の建物でもそうだが、建築法に定められた階段が建物の片隅にある。踊り場で折り返して上階下階を繋ぐ階段は、客足があっても殆ど使われない。人の出入りがあっても、階段を使おうと思いもしない人の視界には入らない。というか、意識の外にあるものは、見えていても気付きにくいものだ。

まして、リフォーム工事はフロア毎に進められている。手つかずの階、済んだ階には職人すら来ない。

だから、これは好機であると思った。

佐野さんと職場の先輩は、〈そういう関係〉だった。

隙あらば互いの身体を求め合いたい、そういう時期でもあった。

物陰でキスをする、という程度のことではそろそろ物足りなくなってきていた。

何処か遠くから工事の音が聞こえる。指示出しをする現場監督の声も聞こえる。

だから確かに誰かはいる。気配はある。

だが、誰も気付かない。見ていない。見つかるかもしれないが、見られていない。

つまり、スリルがある。

こんな場所で、したらどんなに興奮するだろう。

先に求めたのが先輩からだったか、佐野さんからだったか、そのことは些細な問題でしかない。二人は人気のない階段の踊り場で、互いを貪り始めた。

全部脱がせてしまう訳にもいかないので、ボタンを幾つか外し、またスカートをたくし上げ、何かあったらすぐに取り繕えるように気遣いながら弄る。

佐野さんの身体に繰り返しのし掛かる先輩の身体の重みを、階段の手摺りに凭《もた》れ掛かって逃しつつ、佐野さんは手摺りの隙間から階下を見下ろした。

ずっと下まで続く階段室に、人の気配はない。

手摺りに片手を付いて腰を振る先輩は、その隙間から見える上階が気になっていた。

始めて少しした頃から、人の気配……いや、視線を感じるような気がしていた。

だが、周囲に人はいない。

誰かに見られている気はしても、その誰かが咎《とが》めてくることはなかった。向こうも息を殺して覗いているのかもしれない。それが却って背徳感を煽った。

ただ、組み伏せた佐野さんに向けて腰を打ち付けるたび、その視線が濃くなっていくような気もする。

そのことが気になっていた。

果てる寸前、上体を反らして階上を見上げた。

そこにやはり覗き見る輩《やから》はいた。

全体に影のような薄暗さのため、顔は分からなかった。

その人影は、直立していた。

手摺りの壁面に対して、ほぼ垂直に——壁に立っているかのような姿勢だった。

物陰で睦《むつ》み合う二人を視界に捉えようと不自然に立つそれは、女であった。

素足の膝が見えたので、女であったと思う。

スカートか何かの衣服の裾は、重力に逆らう様子はなかった。


佐野さんと先輩は、この秘密の逢い引きスポットを、ずっと重宝してきた。

職場の誰かにバレたこともなかったから都合がよかった。

誰かに見られているかもしれない背徳感を楽しみ、いっそ誰かに見られてはいまいかと心密かに期待していた時期もあった。

だが、もう無理。

ちょっと、無理。

京都世間話

小嶋さんは京都の大学に進み、古都の一角に下宿していた。

夏休みはバイト三昧で過ごし、バイト仲間とも随分親しくなった。

「結局、この夏何処も行けてへんわ」

「観光地に住んでるのにねえ」

夏の京都は蒸し暑く、夏休みを利用した観光客も多い。

土地の暑さと観光客の多さのおかげでバイトに事欠かないとはいえ、バイトだけで夏が終わってしまうのも何やらもったいない気がしていた。

花火をやろう、と言い出したのが誰だったかは忘れたが、誰もが「いいね」「ええやん」と同意した。

観光客が店に入るか宿に戻るかする時間、観光客が余り来そうにないところ。

観光地のど真ん中でそういう条件の場所などあるのだろうかと思われたが、目立った観光スポットでもない住宅街の公園なら地元の者しかいないだろう、と相成った。

下鴨神社の北東、一乗寺の辺りに位置する公園に、バイト仲間の男女四人で足を運ぶ。

叡山電鉄の線路の東側は、比叡山の麓に向かって住宅地が広がっている。

その叡山電鉄の線路を渡ってすぐ、中学校と隣接する公園がある。ちょっとした野球場を備えていて、園内は思いのほか広い。

踏切に近い側の入り口から入ると、なるほど誰もいない。

園内には光源になるような街灯も余りなく、確かに花火には打って付けだ。

「ええやん、ええやん。ここでやろうや」

コンビニ袋から花火を取りだし、小嶋さん達は思い思いに火を点けた。

歓声を上げたいところではあったが、如何せん住宅街、加えて遅い時間であったので、声は控えめに「綺麗だね」「せやな」と小声で、それなりに楽しんでいた。

ふと顔を上げると、園内のベンチに人影があった。

園内にはベンチやテーブルが幾つも設置されていたが、小嶋さん達がいる場所から丁度対角線上の反対方向に、公衆トイレがある。

そのトイレのすぐ近くのベンチに男が座っている。

公園内はだいぶ暗かったはずだが、何故だか男が白い服を着ているのが分かった。

「ねえ」

「んん？　なん？」

「あのさ、こんな時間に一人でいるの珍しいよね？」

友人に訊ねると、友人は問い返してきた。

「何が？」

「あそこ、誰かベンチに座ってる」

「え、何処？　誰？」

友人は小嶋さんに促されるまま公園内を見回した。

少し大きめの公園とはいえ、はっきり視認できる距離である。

指差して教えても、友人は首を捻る。

「ほら、あそこ」

「は？　誰もいないし。怖いやん。冗談やめてや」

いや、だってそこにいるし。

だって、今も見えてたし。

そう思ってベンチを見直すと、直前まで白い服の男が座っていたベンチには誰の姿もなくなっていた。

　この公園は周囲の道路と公園の間に仕切りがない。

　もしベンチから立ち上がって出ていったなら、公園の外を歩く姿がここからでも見えるはずなのだが、それもない。

「うーん、ごめん。じゃあ、私の見間違いだわ」


　翌日もバイトだった。

　このバイト先は年配のパートさんも多く、皆地元出身の京都人ばかりだった。

　京都人と言えば〈いけず〉なイメージを持たれがちだが、パートさん達は他県出身の学生である小嶋さんにも優しく、色々良くしてくれていた。

　小嶋さんは、いつも何かと気に掛けてくれるパートさんに挨拶しつつ、「昨夜変なもの見ちゃったんですよ」と軽口のつもりで話し掛けた。

「公園で白い男の人見たんですけど、何かすぐに消えちゃって。まあ、私の気のせいやと思うんですけどね」

　すると、パートさんは一瞬、言葉を呑んだ。その後、眉根を寄せて言った。

「小嶋さん、見たん？」

「え、見た——と言えば見たんですが、何かあるんですか」

「あっこの公園やろ？　踏切脇の」

あの公園、あかんのよ。

公園の真ん前に中学校あんにゃろ？

何年か前に、あっこに通ってた男の子が、リンチに遭うたんよ。同級生の子ぉに大勢で囲まれてなあ。可哀想に。結局、助からなかったんやって。

「……イジメとか、まあ、そういうんやろなって思うねんけど、小嶋さん達で花火してるのが楽しそうで、思わず見てたんとちゃうかな」

でもそんなん、京都ではようある話やで。

そうそう、別に珍しないで。

パートさん達は、呵呵《かか》と笑った。

霊感の有無など余り重要ではないらしく、そうしたちょっと不可思議は日常茶飯事、誰かしら一度や二度は遭遇する。それ故、いちいち目くじら立てることもない。

「怪談なんて、世間話と然程変わりしまへんえ。京都やしな」

京都なら仕方がないか、と小嶋さんも納得することにした。
ただ、あの公園は怖いので、次からは誘われても近付くのはやめた。

夢のまた夢

——こんな夢を見た。
そこは店である。
壁は灰色。
そこにたくさんの本棚がある。
漫画喫茶の類で、そこで本を読んでいる。
ふと顔を上げると、店の出入り口に小さな男の子がいる。
一人、所在なげである。
「どうしたの？　お母さんは？」
そう声を掛けて男の子の頬に触れた。
冷たい。
指先から頬まで皮膚が粟立ち、怖気立つ。
男の子が耳元で囁く。

「どうして皆、帰ってくるの？」

……そこで飛び起きた。

自室である。直前の不可解なそれが夢であったことが明晰になっていく。

時刻は、丑。

悪夢から覚める瞬間はいつも不愉快だが、悪意から逃げ切れたような安堵感がある。

だから、このときは少しだけ油断していた。

室内に男の子が立っていた。

十歳にも満たない幼い顔立ちの子供。

その小さな手を、大人が引いている。

無骨なごつごつした指から、大人の男性であろうと思われた。

男の手は、自室の窓から延びていた。

就寝中、締め切ってあるはずの窓から。

記憶はそこで途切れているので、たぶん失神したのだと思う。

車中同床

坂口さんが愛媛の病院にいた頃、一時期頻繁に地元に戻っていたことがある。

当時、香川在住だった高校時代の先輩とは大変ウマが合って、それこそほぼ毎日と言っていいほど頻繁に、先輩の家に泊まりに行っていた。

先輩はホラー好きで怪談好き。その辺り、互いに趣味が通じるところもあったと思う。

ホラー話をしたり、そういう映画を観たり、そうかと思えば動画サイトの怪談動画を二人で見たりしていた。

「でも、万が一が起きたら怖いからね」

先輩の言う万が一というのは、先輩の母上に関することだった。

先輩の母上は身体が少し不自由だった。

ないとは思うけど、もしも動画を見ていて祟られたり、怖いことが起きたりしたら。

身体の自由が利きにくい母が取り憑かれたりしたらどうしよう。とても困る。

もしも、は滅多に起きないことだから心配しなくてもいい、という考え方がある。起きたら起きたでそのときだ、と。

一方、万に一つしか起きないその万に一つが起きるかもしれないなら、無駄足になってもいいから備えておきたい、という考え方もある。

先輩と坂口さんは後者である。

坂口さん自身、これまでに何度となく「目撃したり」「憑かれたり」「祟られたり」を体験してきていたから、その心配を杞憂と笑い飛ばすことはできなかった。

それほどに恐ろしく、それほどに警戒していても、怖いものを見たいという気持ちはまた別腹なのである。

だから、二人がそうした動画を見るときは、母屋から出て車の中に潜り込んだ。

坂口さんが乗ってきた車のシートを倒して後部座席をフラットにする。そこに車内に常備してある毛布を敷いて、二人でそれにくるまって怪談動画を見るのである。

朗読配信者のもの、実体験を語る自称霊感体験者のもの、読み上げソフトで語られるものなどなど、先輩と二人きゃあきゃあ言いながらの鑑賞会になる。

そして翌朝、二人でドライブに出かけた。

途中で、お稲荷さんの社を見かける。

「お詣りしていこっか」

何ということのない社に手を合わせ、境内で何ということのない話をした。

最近、仕事の調子はどう？

先週のテレビ、見た？

そういえば部活の後輩の子が。

取り留めのない話を幾らかして時間を潰し、またドライブに戻る。

山道を走り先輩の家まで戻り、二人で毛布にくるまって車内で動画サイトの怪談動画を見ながらまた他愛のない話をする。

そして、うとうとする――。


と、坂口さんはそこで目が覚めた。

携帯で確かめるも、カレンダーの日付は変わっていない。

丸一日朝から遊んでいたはずだが……いや、それは夢か。

それは、そうか。だって、先輩の家へは確かに泊まりにきた。でも、明日は日勤だから愛媛に帰らなければいけない。朝から一日一緒に遊ぶ暇などないのだから、遊んでいた記憶があるのであれば、それは夢だ。

つまり、まるまる一日一緒に遊んでいた夢を見ていたのか。

疲れてるなあ、と独り言《ご》ちていると隣で寝入っていた先輩が目を覚ました。

携帯をちらりと眺めて首を捻る。

「……あれえ？　何でまだ昨日のままなの？」

聞くと、先輩もまた、どうやら寝落ちして夢を見ていたようだ、と言う。

山道にドライブに行って、途中で見つけた社のお稲荷さんを拝んで、それから家に帰って二人で動画を見ていた、と言う。丸一日たっぷり行動していたから、もう翌日だと思ってたのに、と。

それは、坂口さんが見ていた夢と寸分変わらない。

出来事も何もかも。

夢の中の会話も振る舞いも、二人で確かめ合った内容は完全に一致していたという。

長い夢、というのは決して珍しくはない。何年、何十年、何なら一生分の時間を夢で見た、という話も聞いたことはある。

しかし、ほんの十分ほどの間に、二人の人間が同じ場所で同時に寝たからと言って、完全に一致する夢を同時に見るなんてことは、起こり得るのか。

これ、どう説明すればいいのか。

札所ドライブ

坂口さんが愛媛の病院にいた頃の話。

当時、地元を離れて独り暮らしをしていた坂口さんの部屋があったのが、四国八十八箇所巡りの六十五番札所として名高い、由霊山慈尊院三角寺の麓の辺り。周囲はアップダウンの激しい山道が縦横に走っており、休日は近隣の山道でドライブ三昧だった。

アスファルトで舗装こそされているものの、走り屋がかっ飛ばすような道路というのとは違って、きつい勾配、時に対向車とのすれ違いもままならないような隘路《あいろ》である。

しかし、樹々に囲まれた鬱蒼《うっそう》とした道を走るのは楽しかった。


ある日のこと。

あちこち走っていくうちに、日が暮れてしまった。

かなり近いところまで戻ってきているつもりでいたのだが、途中普段入らないような道に入ってしまったらしい。

日射しがそれなりにある日中はいい。
しかし、満足に道路灯などなく、ともすればガードレールすらない山道である。
何度も切り返しているうちに、辺りは真っ暗になってしまった。
そろそろと帰り道を探っていたとき。
ふと、バックミラーを見た。
車の背後に人がいる。
――ああ、誰かいるな。道とか聞けるかな。
ほんの一瞬そう思って、その考えを即座に捨てた。
道路灯などない、真っ暗な山道にいるのだ。
対向車も、後続車もいないのだ。
自分の車のヘッドライトは、前を照らしているのだ。
何故、背後の人影が〈見える〉のか。
車両の後部にある光源は、テールランプくらいである。
何故、背後の人物が、白いワンピースを着た女だと分かるのか。
何故、その女の足元が裸足だと分かるのか。

女はこちらを見ている。

これほどはっきり姿形が見て取れるのに、顔だけが分からない。

顔が見えないのか、顔などないのか。そのどちらなのかも分からない。

そして、これは顔など確かめてはいけないものなのだ。

捕まってはいけない。

言葉を交わしてはいけない。

ましてや、乗り込まれたりしてはいけない。絶対にいけない。

坂口さんは、アクセルを踏みこんだ。

真っ暗な山道をヘッドライトだけで走るのは、この上なく恐ろしい。

だが、それよりも車の背後に立つ女がずっと恐ろしい。

だからアクセルを踏みこんでいるのに、スピードが出ないことが恐ろしい。

女の姿は遠ざからず、追いかけてくる。そのことが何より恐ろしい。

無我夢中だったし、このときの坂口さんはこれまでの人生で最も高い集中力を発揮していたのではないかと思う。

恐ろしく、細く、暗く、入り組んだヘアピンが繰り返される山道を、恐るべきスピードで駆け下りていく。

踏んでも踏んでもスピードが上がらない気がしていたが、ちらりと見たスピードメーターは既に時速八十キロを指している。

だが、女は付いてくる。

時速八十キロで。

札所のある山道とはいえ、下れば平地に出る。

麓まで下りれば民家もあちこちにある。

だから、坂道を下っていくだけでいいはずなのに、山の中をぐるぐる回らされるだけで人里に出られない。

そして、車の後を女がずっと付いてくる。

もう、どれほど走り続けているのか分からない。

――バチン。

と、音がした。

耳元でか、頭の中でか、背後からか、それは分からない。

何かが弾けるようなその音が聞こえた後、空気が変わった。

山裾から人里の街明かりが見え始めていた。

いつのまにか、勾配のきつい山道は緩やかで平坦な道に変わっていた。

街道との交差点でバックミラーを見たとき、女の姿は何処にもなかった。

下りてきて合流した道は、日頃使っている慣れた街道だった。

自宅からも然程離れた場所ではなかった。

それこそ、ちょっとそこまで、という程度の近場だったのだが、あの女に追い回されながら走った山道は、どうにもはっきりと思い出せない。

青い

坂口さんがまだ地元にいた頃、筑紫さんが遊びに来たことがあった。

「せっかくだから、県内のオススメ観光スポットを案内するよ！」

と意気込んで車を走らせ、県西部の観光地まで足を延ばした。

だが、行ってみたら閉鎖されていた。

「ちょっと前までやってたのに！」

これだから！　と、意気消沈しかけたが、せっかく西部まで来たのだから他の見どころも回ってみよう、ということになった。

そういえば、この辺りでは噂のミネラルの店があるらしい。

ミネラル、つまりは石。

様々な石を集める趣味というものがあるが、この場合の石とは所謂パワーストーンの類のことだ。

パワーストーンと言えば、何らかの御利益を期待して集める、身に着けるという向きも多いのだろうが、坂口さんや筑紫さんの場合、もっと切実だった。

何しろ、二人とも〈そうした体験〉には事欠かないので、時に警報、時に身代わりとして、そうした石を身に着けることにしているのだ。

よさそうだという噂は聞いているものの、実際の品揃えはやはり現物を見てみなければお話にならない。

「ここから、そんなには遠くないはずなので」

カーナビで検索して、店の住所を確かめる。

然程複雑なルートでもないようなので、そのままナビの指示に従って走り始めた。

ナビは最短ルートとして山道をバイパスする道路を示した。

四国は全般に山がちだが、香川は瀬戸内海に面した海沿いであれば比較的平地が多い。

だが他県や内陸の町に向かおうとすると、何処に行くにも山中の通行を強いられる。

別に、海沿いを通る道でも構わないはずなのだが、ナビは山道を抜けるルートしか示さない。

普段、好んでドライブをする坂口さんだったが、この日はどういう訳か、余り山道を通りたくはなかった。

尾根を越え谷底を繰り返し折れる山道は細く、対向車とすれ違えるスペースも行き止まりで、他にUターンするスペースもない。おまけにUターン禁止の標識がある。

進むしかない。

後続車も対向車もない細い山道を進んでいくと、トンネルが現れた。

ぽっかりと空いた漆黒の穴。山肌に埋もれた生き物に呑み込まれようとしているかのような圧を感じる。

近付いていくと、掠れた文字でトンネルの名前が示されているのが見えた。

「やばい」

坂口さんは呟いた。

ここには近付かないよう気を付けていたのに。

遊び半分や、ついうっかりで来ないように注意していたつもりだったのに。

そんなに勘の強くない友人達すら、「あそこはやばい」と口を揃える場所である。

そんなところに、〈そうした体験〉に事欠かない二人が揃って行ったら——。

「やばい。やばい。やばい」

他に言葉が出てこないが、後戻りもできない。

突っ切るしかない。

早々に走り抜けるしかない。

幸い、ここを抜ければ目的の店まで、それほど遠くないはずだ。

それだけを糧に、アクセルを踏みこむ。

然程長くもないトンネルは、何事もなく抜けることができた。

安堵の溜め息を吐きつつルームミラーを覗くと、トンネルから人影が出てくるところが見えた。

男、である。

痩せぎすの男である。

ただ、何というか青い。全身がまっ青である。

衣服が青いというのではなく、とにかく全てが青い。そうとしか言いようがない。

青い男は坂口さん達の乗る車の後を付いてくる。

付いてくるというか、追ってくる。

山道故にそこまでのスピードは出ていなかったかもしれない。

それでも、走る自動車に遅れることなくぴったりと追いすがり、男は付いてくる。

ぽつ。ぽつり。ぽつ。

いつしか雨が降り始めていた。

ハンドルを取られないよう、スリップなどしないよう、細心の注意を払いつつ車を走らせる。青い男の姿は後方に流れ、小さくなった。

だが、交差点などでスピードが落ちるたび、再び近付いてくる。

筑紫さんもルームミラーをちらちら見ている。

アレが視えているのだろう。

ならば、一刻も早く身を守るものが必要なのではないか。

半ば冷やかしのつもりでいた目的の店が、命綱のようにすら思えてきた。

程なく店に到着した。

車を駐車場に駐め、二人は慌ただしく車を降りて店に駆け込んだ。

店内に入ると同時に、雨は土砂降りになった。

店の中から駐車場を覗くと、青い男はいた。

痩躯をくねらせるように駐車場を歩き、坂口さんの車の中を覗き込んでいる。

二人は相性のよさそうな石を見繕ってもらった。

買ったばかりの石を握り締めて店から出ると、雨は小降りになっていた。

幸い、青い男の姿も見えない。

今がチャンスだと、車へダッシュして飛びこんだ。

車を走らせるうち、筑紫さんが言った。

「……また付いてきてる」

ルームミラーで確かめると、二人の乗る車の後方を青い痩躯の男が追いかけてきているのが見えた。

このまま家まで付いてこられたらどうしよう。

どうすれば追跡者を振り切ることができるだろう。

川を渡っても追ってくる。

若干、距離が離れたような気はする。

これか、と思った。

海沿いに出て暫く走ると、広く大きな河が見えてきた。

アクセルを踏んで橋を渡る。

男は漸く諦めたのか、橋の手前辺りに立ち竦《すく》んだままルームミラーの中で次第に小さくなっていった。

「……はぁー。逃げ切れた」

大きな溜め息が出たが、もう大丈夫だ、と思えた。

「また変なもの視ちゃったねえ」

「ほんとに。それにしても何だったんだろうね、あいつ。何であんなに青かったんだろう」

「えっ？」

「えっ？」

トンネルからずっと何かに追いかけられていたのは間違いない。

筑紫さんも気付いていたし、警戒していた。だからそれは間違いない。

坂口さんは訊いた。

「青い、全身がまっ青な痩せた男……で、あってる？」

筑紫さんは首を振った。

「確かに青かったけど……あれって、犬じゃなかった？」

離島の合宿所

二十年ほど前の話。

その頃、佐久間さんは北海道の利尻島に長期出張していた。

とはいえ、行きっぱなしという訳でもなくて、月曜から金曜までを島内の事業所で過ごし、土日は稚内の自宅に戻る、というサイクルである。

島ではホテルや旅館ではなく、事業所に併設された合宿所に寝泊まりする。仕事を終えたら他にすることもないので、飯を済ませて合宿所で酒でも飲んで、後はテレビを眺めながら寝るだけ、という暮らしの繰り返しである。


その日、いつものようにテレビを眺めながらうとうとしていた。

そのとき。足元に何かがいる気配があった。

人か、モノか、他の何か。何とも形容し難いのだが、実体がないのに存在感だけがある存在とでも言おうか。

それが寝転がった足元を起点に、頭のほうに向けて〈すすす〉と移動してくる。

存在感だけの何かが通過した箇所は、途端に動かせなくなる。

最初は足首、次に膝、股間、胴、指先、肘、肩……とどんどん上がってくるのが分かる。

それが頭に到達すると、声すら出せなくなった。

このとき、佐久間さんを襲ったのは、驚きより、恐怖より、何故か怒りであった。

この合宿所、「何か出る」というのは実は最前から噂になってはいた。

誰もいないのにテレビが点くだの、誰もいない部屋から話し声がするだの、消し忘れていたはずの照明とテレビが消えているだの、そういった類の話である。

それは「気のせい」「勘違い」「酔って記憶が混濁してた」で説明が付く。だから、大した話ではないと思っていた。

だが、いざ自分が見舞われてみると、何とも理不尽である。

心地好い寝入りを邪魔されたという腹立たしさもある。

そこで佐久間さんは抵抗し始めた。

全身に力を入れ、呻き声でもいいから声を出そうと心の中で雄叫びを上げる。

そのうち、指先が動くようになった。

右手を上げることもできるようになった。
右手が動いた瞬間、全身が動くようになった。
そして跳ね起きた。
――なるほどこれが金縛りか。
初体験ではあったが、気合いで解けるなら怖くない。
安堵から改めて横になった。
今度は、全身が一気に動かなくなった。
(何でだよ!)
そして、点けっぱなしになっていたテレビの画面が落ちた。
同時に室内灯や、その他の家電一切の電源が落ちた。

香る髪

コロナ禍が始まって三年目に突入した。

その間、我々の営み、我々の常識は意図も容易く覆されてきた。

密集、密接を避け、不要不急の外出や移動を極力控えるよう通達された。罰則を伴う義務ではなかったが人々はこれに従い、文字通り息を潜めた。

寄り合いも飲み会も、デートも旅行も自粛が叫ばれた。人混みには行くな、都会に住んでいる奴は田舎に帰るな、人が集まるような場所に年寄りは行くな。

自然、「ちょっと顔を見に」「正月くらいは顔を出せ」「たまには帰ってこい」そんな、無事を確かめる習慣の多くが、忽《たちま》ちに廃れてしまった。

私事になるが、僕の実父は二〇二〇年に大きく体調を崩し、入院した。年寄りの入院は別段珍しいことではない。これまでは足繁く病院に足を運んで見舞いをすることもできたのだが、コロナ禍はそれをも阻んだ。病室のベッドの傍らにまで入り込んで声を掛けるのが当たり前だった見舞い風景は消し飛んでしまい、家族であっても院内を彷徨いて病室まで見舞いに行くことはできなくなった。

僕の父はコロナウイルス感染症ではなかったが、加齢と病気から次第に衰え、家族とも長年連れ添った母とも直接言葉を交わす機会を持てないまま、病院で独り息を引き取った。

そんな光景は日本中にありふれていた。

そのうち会いに行く。コロナ禍が収まったら必ず行く。正月は無理かもしれないけど、今回の波が落ち着いて緊急事態宣言が解除されたらすぐにでも行く。

苦渋の「また今度」が繰り返され、そしてその約束の多くは果たされなかった。

犀川さんの家の事情も、コロナ禍にあって概ねありふれた状況だった。

父方の祖母が亡くなったのは二〇二〇年である。

当時、犀川さんは第二子がおなかにいた。祖母を亡くして気落ちしているだろう祖父のことは非常に気掛かりだったが、祖父は祖父で「何分、こんな折だ。おなかに赤ちゃんがいるんだから、おまえも無理をしちゃいかん」と孫娘を気に掛けていた。

本当は曾孫の出産を心待ちにしていただろう。

おのれ、コロナめと恨みがましく思いながら、どうにか曾孫の顔を見られまいか、いやいや孫娘が無事にお産を終えてくれまいか、と日々念じてくれていたようだった。

二〇二一年の一月、犀川さんは無事、長女となる第二子を生んだ。

そのことを伝えると、祖父は心から喜んでくれた。

「孫娘が生んだ曾孫娘だぞ。早く会いたいなあ」

而《しか》して祖父の願いは、叶わなかった。

コロナ禍が終わったら、この波が落ち着いたら。そんなことを願っているうちに、祖父もまた亡くなった。

東京都内在住の犀川さんが地元宮城に帰省できたのは、二〇二一年の十月頃である。

夏に猛威を振るった第五波が秋に入ると同時に急速に収束し、今度こそ終わりが見えたと皆が喜んだ、そのタイミングでの帰省である。

四歳になる息子と一月に生まれたばかりの娘を連れ、遂に曾孫を見せることも抱かせることもできなかった祖父の四十九日に合わせての帰宅と相成った。

宮城の実家は、祖父母亡き後も犀川さんの両親が住んでいる。仏壇は長男である犀川さんの父が継いで、墓守の面倒を見ていくことになったらしい。

「お祖父ちゃん、帰ってきたよ」

実家のリビングと繋がる和室に、祖父母の仏壇が置かれていた。

以前は祖父母が使っていた部屋のはずだったが、今は仏間になっているらしい。

「ほーら、曾祖父ちゃんと曾祖母ちゃんだよー」

線香を一本上げて娘の手を取り、祖父母の位牌に手を合わせた。

今回の帰省は法事に合わせたものだったが、時勢柄またいつ来られなくなるとも分からない。そのため、何日か早めに宮城入りして、数日ほど実家に留まることになっていた。

「おや？」

何処からか、線香の匂いが漂ってきていた。

誰かお線香をあげたのかな。

そう思って仏間を覗いてみたが、特に線香は立っていない。

しかし、香を焚いたような強い匂いが漂っている。

何処だろう、と見回すがそれは自分の懐から漂っているのだ、ということに気付いた。

より正確には、懐に抱いた娘の髪から濃密な香の匂いが立ち上っている。

線香の匂いが移ってしまったか、と苦笑した。

(——待てよ。今日はまだ線香をあげていないぞ)

そもそも、仏壇に線香をあげるとき、娘を仏間には入れていない。

仏間には雑多なものが飾られているが、中には日本刀などの危険物もある。零歳児にどうにかできる代物とは思わないが、ハイハイや掴まり立ちに果敢に挑戦した挙げ句、何かの間違いで事故があってはいけない——という理由で、娘を仏間には入れていない。

そも、零歳児である。自力で仏間の襖を開けられるとも考えにくい。

シャンプーの匂いではない。

ベビーベッドや寝具は、娘を寝かせてあっても匂わない。

四六時中一緒にいる四歳の息子からは匂わない。

線香をあげる自分の匂いが移ったかとも考えたが、自分の身体に線香の匂いは残っていない。

娘の髪からのみ、濃厚な香が立ち上るのである。

線香をあげた後、あげる前、線香をあげない日であっても関係なかった。

孫の髪の匂いを嗅いだり頬ずりして顔を顰《しか》め首を傾げる娘の様子を、犀川さんの両親も訝しんだ。

「髪が匂うんだよね」

犀川さんにはそれが明確に、仏壇に供えられている線香の匂いだと区別できた。

だが娘の訴えに、両親は不思議そうに首を振るばかりだった。

「いや、分からん。全然匂わん」

父も母も顔を見合わせるが、何やら合点がいったようだった。

「祖父ちゃんと祖母ちゃんが、揃って曾孫を撫でにきたんだろ」

だって、おまえ、祖母ちゃんのときも祖父ちゃんのときも葬式にも出られなかったろ。

そうだった。どちらもコロナ禍の波のまっただ中で——。


程なく犀川さん達は東京に戻った。

東京では娘の髪は全く匂わなくなった。

父の実家

佐倉さんが父の実家に泊まったときのこと。

この日、実家には父の兄弟が集まっていた。父には、兄と弟がいる。もちろん、伯父、叔父ともに健在だが、さすがに老いてもきている。別に不仲な訳ではないが、離れた土地に所帯を持って久しいため、兄弟が顔を合わせる機会は余りない。

「たまの帰省、たまの顔合わせだ。大いに飲もうじゃないか」

伯父は早々に切り上げていったが、叔父は佐倉さんの背を叩いてまだまだ飲む、と上機嫌である。

二人に付き合ってビール瓶を幾つか干したところで、勤め先から電話が掛かってきた。

「おっと、ちょっと電話してくるわ」

言い置いて席を立った。

小一時間ほどやり取りして、電話を終えた。

「悪い悪い……」

戻ってみると、父と叔父はすっかりできあがってしまったようで、揃って鼾《いびき》を掻いていた。部屋の明かりは点けっぱなし、座卓の上は散らかしっぱなし、畳に転がって上機嫌で鼻提灯である。

「しょうがねえなあ……」

片付け、は明日でいいか。

座卓を寄せて布団を敷き、父と叔父を転がして形ばかり毛布を掛けてやった。

そして、明かりを消して自分も布団に横になる。時間はまだ夜九時前。日頃の生活サイクルから考えればだいぶ早いが、寝られるときに寝ておきたい、と目を瞑る。

フゴゴゴゴゴゴゴゴ……。

フゴッ。ゴゴゴゴゴゴゴゴ……。

鼾の二重奏である。兄弟だけあって、父と叔父は鼾まで似ている。

その鼾がうるさくて全く寝付けない。

何度か寝返りを繰り返すうち、鼾に混じって異音が聞こえていることに気付いた。

パシッ。

パシッ。パシッ。

何かを叩くような、軽い音である。

丁度、天井からぶら下がった室内灯の辺りから聞こえてくる。

天井を見上げてみるが、電灯から垂れた紐が揺れるでもなく、虫の気配も見当たらない。

家鳴りだろうか。

家鳴りは、別に特別不思議な現象ではない。新築の家などでは珍しくもない。

だが、父の実家は古民家とまでは行かないものの、築年数も相当過ぎたなかなかの古家である。今更、家鳴りなどするものだろうか。

まあ、そういうこともあるさ、と目を瞑った。

——トトトトッ。

これは足音だろうか。

天井裏か二階の床を、小さな子供が駆けずり回る足音。

〈ハハッ〉

〈キャハッ〉

今度は笑い声。

これも小さな、小学校に上がる前の幼児の声である。

ああ、子供がいるんだな——と納得しかけて、気付いた。

二階には従兄夫婦の子供——佐倉さんの甥の部屋があるが、甥はそこまで幼くない。というか、甥はこの時間、外出中である。

実家の周囲は田畑が広がる田舎町で、隣家とも距離がある。

大体、盛り場もないような田舎町となると夜も早い。まして、幼い子供が夜遅くに出歩くなど考えられない。夜更かしな親が夜遊びに子供を連れ歩く都会とは違うのだ。

応接間から従兄夫婦がテレビを眺めているらしい音が漏れてくるが、音の聞こえる方向がはっきり違う。

足音と笑い声は、佐倉さんと父と叔父が寝転がる客間の天井から聞こえている。

トトトッ。ハハハッ。

ただ、不思議ではあったが恐ろしくはなかった。

耳を澄ませているうちに、眠りに落ちた。

翌朝、叔父は朝から酒を飲んでいた。

佐倉さんには知らされていなかったが、一昨年、叔父は孫娘を亡くしたのだという。享年九歳。可愛い盛りであったらしく、叔父は孫娘の思い出を語っては泣き、泣いてはまた盃を重ねていた。


帰りの電車で父に昨晩のことを明かした。

「父さんと叔父さんが寝てた部屋でさ、子供の足音と、笑い声を聞いたんだよな」

父は先程の叔父の話を思い出して「死んだ孫娘が出たか」と訊ねたが、

「いや、もっと幼い声だった。三歳とか、二歳とかそういう」

ふむ、と父は頷いた。

「じゃあ、おまえの叔母さんかもな」

佐倉さんには知らされていなかったが、父には幼くして亡くした妹がいたという。

佐倉さんの一族は女児が亡くなる家系なのか、それとも別の何かなのかは分からない。

次兄について

坂口さんの実家は古い木造建築である。

この家は、たまに家鳴りが聞こえる。

家鳴りというのは、築浅の木造の家に起きる現象だ。木材が吸湿と乾燥を繰り返すとき、膨張収縮した材の一部が裂ける音だという。この膨張収縮を繰り返すうち、材の歪みも次第に大人しくなって家は鳴るのをやめる。

この家は、坂口さんの父が小学生のときに、坂口さんの祖父が建てた家だと聞いている。築年数は数十年にも及ぶ。家鳴りなどとうに収まっているはずだ。

しかし、父によれば元々こんな音はしなかったらしい。


坂口さんには兄が二人いた。

次兄は特に賢《さか》しい子だった。

例えば、赤ん坊の頃。普段は家の二階で寝かされているのだが、目が覚めると階段の端まで這っていって、「おーい」と人を呼ぶ。

階下の父母や祖父母がそれに気付けば、次兄をあやしに上がってくる。

呼んでみても誰も来なければ、次兄は自ら布団に戻っていって寝直す。

自分の寝床がそこである、と赤子ながらに理解していたというのである。

この辺りは父母や祖父母からの伝聞で知るばかりで、坂口さんには次兄が赤子だった頃の振る舞いについて、直接の記憶はない。

坂口さんが生まれて半年ほど過ぎた頃、次兄は亡くなっているからだ。


件の家鳴りが始まったのは、次兄の死後からであるという。

夜半、或いは昼日中、家の中から音がする。

きぃ。きぃ。

思うに、これは家鳴りというのとは違う。

家鳴りとは、冒頭に述べたように木材が裂ける音だ。

だから、〈パシッ〉とか〈バリッ〉とか、そういう響きになる。

しかし、聞こえているのは、材に重さが掛かる音。

重さが掛かって、その継ぎ目が軋む音。

誰かが板を踏む音である。


坂口さんは、高校生の頃に鬱に悩まされ始めた。

孤立感や、自己肯定感の低さや、閉塞感。世界に自分一人だけが置き去りにされていく、それに感じる焦燥感のようなもの。

出口が分からない迷路にいるが、その迷路から抜け出そうという気力すら湧いてこない。

差し伸べられる手や、誰かの気遣い、そういったものに縋ることに怯えてしまう。

家族に気遣われるのすら辛い。

そんな頃にも家鳴りを聞いた。

きし。

きし。きし。

どうしてか、誰かがいるな、と思った。

階段を〈下りてくる音〉に聞こえた。

部屋の入り口辺りに、白い人影がいた。

こちらを窺《うかが》っている。

様子を気にしている。

赤子のように小さなその気配が、坂口さんをじっと見つめている。

手出しも口出しもなく、ただそこにいるだけだった。

見守られている——そう思えた。

これは、次兄だ。

坂口さんは、やおら、そう確信した。


それから、鬱が酷くなるたびに〈次兄〉は現れた。

階段の軋《きし》みは増え、白い人影が頻繁に現れる。

坂口さんにはそれが人に見えるのだが、父には音しか聞こえないらしい。

長兄はそもそも音に気付かない。

家鳴りがしているその最中に、坂口さんと父が「音が聞こえる」と頷き合っても、長兄には何故だか音そのものが聞こえず、分からないのだという。

「超」後日談

長年実話怪談を書いていると、読者の方から御報告をいただくことが屡々ある。

所謂、読後後日談という奴である。

特に国内最長実話怪談シリーズでもある『「超」怖い話』はその手のエピソードが多く十や二十では利かないのだが、古くからの愛読者である犀川さんも、同様の経験をされているとのことだった。


「超」怖い話シリーズを読んでいたときのこと。

自室で頁を繰っていると、こつこつと壁を叩く音がする。

現在、自宅には自分一人。

気のせいか、それとも家鳴りか。

単に物音に過敏になっているだけか。

そう思って頁に目を落とすと、再び〈こつこつ〉と音がする。

部屋の壁を誰かが叩いている。

指先か、何か硬いものを打ち付けているのかは分からないが、明確に壁が叩かれている。

こつこつ。こつこつ。こつこつ。

壁を叩く音は部屋の入り口付近から始まった。

こつこつ。こつこつ。

その音は少しずつ動いていく。

玄関側から隣室に向けて動き、壁の端から端までを叩いていく。

壁の非破壊検査にも似ている。

反対側まで辿り着いたところで、音は止んだ。


別の日。

自室で「超」怖い話シリーズの頁を繰っていると、身体が動かなくなった。

頁を捲る指は動かず、身体の隅々までが固められてしまったかのように微動だにしない。

ああ、これは。これが噂の。

そう思っていると、背中に何かが触れる感触がある。

肩や腰、手足を撫でさする何かがいる。
指の端やら髪の毛の先やらを掴んで引っ張ろうとしている。
身体の自由が利かないのをいいことに、好き放題されている。

また別の日。
例によって「超」怖い話シリーズの頁を繰っていた。
何話か読み進めたところで、ふと顔を上げた。
壁から首が生えていた。

ところで、一口に『「超」怖い話』と言っても、あれは何しろこれまでに通巻で五十巻ほどもある。
犀川さんがそれを体験されたのは若い頃の話だというから、恐らく勁文社版の後半か竹書房版の最初期のどれかではないかとは思うのだが、どの巻の、どの話を読んでいるときに、というのは聞きそびれてしまった。機会があれば確認したいと思う。

先生、こちらでよろしかったですか

人の死は予測が付かない。

寿命や既往を考えて、もしかしたらそろそろだろうかと覚悟を決め、覚悟の通りに都合良く話が進む。そういうことも時にはあるかもしれないが、大抵の死は想定外に訪れる。

犀川さんの父――芳夫さんの恩師の死もそうだった。

最後に会った旧友の話を聞くに、社会に出た教え子達の活躍を喜んでくれていた。

じゃあ、そのうち先生を囲んで皆で一杯やろうや。

それから然程も間を置かないうちに、亡くなった、という話がもたらされた。

交通事故だった。

突然の、想定外の死の中で、最も予測が付き辛いもの。

そして、納得がいかない死に方かもしれない。

芳夫さんもまだ若く、同様に恩師も人生を途中で終えてしまうにはあまりにも早すぎた。

未練どころか、自身の死に気付いてすらいなかったかもしれない。

恩師の葬儀には、同窓の級友達が集まった。

参列者のすすり泣きの合間に読経が響き、重ねられ立ち上る焼香の煙が会場の空気をくすませる。

低く唸るような読経を聞いているうちに、芳夫さんの身体は重くなった。

手足に力が入らず、肩や腰が軋む。

大きく呼吸しなければ、肺に空気が入ってこない。

吸い込んだ空気を吐き出すとき、嘔吐《えず》く。

身体中の水分が、冷や汗になって吹き出る。

ただただ、辛い。

土気色の顔になった芳夫さんは、式を終えても一人で立ち上がることもできなくなってしまった。

「どうしたんだおまえ。おかしいぞ」

友人が心配そうに声を掛けてくれたが、〈ああ、うん〉と小さく返事をするのが精一杯で、自力では身動き一つ取れそうにない。

とにかく家まで送ってやるから、と友人が出してくれた車に押し込まれ、芳夫さんは葬儀会場を後にした。

車内でも、ずっと身体は重いままだった。

幾つかの交差点を過ぎ、意識を剥ぎ取られそうになるほど朦朧としながら苦しみに耐えていると、不意に霧が晴れたかのように身体が楽になった。

丁度、恩師が亡くなった交通事故現場を通り掛かったところだった。


この体験について、芳夫さんの友人達は口々に「そりゃあ、先生だろう」と言う。

「芳夫、おまえ先生には凄く世話になっただろう。未練だよ未練」

「まあ、おまえのことが心配だったんじゃないのか。だから、おまえの肩を借りて、相乗りさせてもらった、ってところだろう」

なるほど、それぞれもっともらしい。

それなら、最後に恩師に恩返しができたのかな、などと思った。


この話を父から聞かされた犀川さんは、一つだけ気になっていることがあるという。

「その先生は、交通事故で不慮の死を遂げたんですよね。だったら、帰りたいところは自分の家なんじゃないのかな、って。どうして自宅じゃなくて、事故に遭った現場に〈帰ろう〉としたんだろうかな、って思うんですよ」

なるほど。だとすると話は変わってくる。

芳夫さんが乗せたのは、そして事故現場で降りていったのは、恩師の先生だったのか？

恩師とは別の何かだったのでは？

何しろ恩師の事故死も数十年も昔のことなので、もはや確かめる術はない。

揺れ

犀川さんのお父さん、芳夫さんが仕事で宿泊したホテルでのこと。

取引先の一つが、芳夫さんの実家から然程遠くもない場所にあった。芳夫さんの両親も実家も健在だったし、自分一人なら出張費を浮かすため実家に顔を出しても良かったのだろうが、このときは職場の部下が一緒であった。自分だけ実家というのも、部下に身内とのやり取りを見られるのも照れくさいので、部下共々地元のホテルに宿を取ったのである。

昼間の仕事を片付けて、銘々部屋に戻った。

宿に戻ると特にこれと言ってすることもなく、近場の店屋も営業していなかったので、早めにベッドに潜り込んだ。

と――。

突然、猛烈な勢いでベッドが揺れた。

揺れたというより、部屋の中に据え置かれたベッドが吹っ飛んでいくような勢いだった。

――地震か！　予震か！

ベッドから転がり落ちんばかりの揺れようである。これはもう、絶対に震度六、いや七は固いのではないか。

宮城という土地柄、地震を気にしない訳にはいかない。

芳夫さんはベッドから転げ落ちて、辺りを警戒した。

揺れているのは、芳夫さんが寝転がっていたベッドだけだった。

部屋の調度品も、カーテンやブラインドも、視界に入るあらゆる全てがピクリとも揺れておらず、ただ一つの例外としてベッドだけが猛烈に揺れていた。

芳夫さんはそのまま部屋を出て、部下の部屋に転がり込んだ。

「なっ、何スか」

「いやいや、いいから。いいから泊めてくれ」

「いやいやいや、何なんスか」

以降、ホテル宿泊は必ず部下と同室にしたため、部下からは大変嫌がられたという。

東日本大震災が宮城を襲ってから、まだ然程も日が過ぎていなかった二〇一一年頃のお話。

ガクブル冷蔵庫

冷蔵庫が震えるのだという。

何の脈絡もなく、冷蔵庫がガタガタ言い始めるのだという。

鰍沢さんは最初、地震を疑った。

だが、揺れるのは冷蔵庫だけである。速報が出ることもなければ、食器棚も、本棚も、カーテンも、ハンガーに掛けたコートの一つとっても、ピクリともしない。

ということは、地震ではない。

首を捻っているうちにまた揺れる。

冷蔵庫の上に置かれた電子レンジやらには、何等異常はない。

冷蔵庫の故障も疑ったが、冷蔵機能・冷凍機能ともに問題もない。

ただ、ガタガタガタガタガタガタッと矢庭に揺れ、ピタリと収まる。

友人に相談すると、

「モーター音か何かじゃない？　ほら何だっけ、ポンプが動いてどうのこうのっていう」

そういう程度の揺れではない、と何度訴えても分かってもらえなかった。

そのうち、友人二人が遊びにきた。

「それが例の震える冷蔵庫？」

「そだよ。震えるっていうか、暴れる」

「モーター音は……うーん、これは普通か。別に揺れてないじゃん」

「別にのべつ幕なしに揺れる訳じゃないんだよ」

まあいいや、飲み物ここにしまうね、と買い物してきたものを冷蔵庫に放り込んだ。

特に何か理由があって集まった訳でもないので、漫画など読みながらゴロゴロしていたところ、冷蔵庫がガタガタ言い始めた。

――ガッ。ガタガタガタガタガタガタガタッ。

「うわっ、何!?」

冷蔵庫以外の一切が揺れないので、地震ではない。

モーター音でもない。小刻みに冷蔵庫の足が床を叩いている――そういう打撃音のような異音が響き渡る。

冷蔵庫の余りの暴れ振りに、上に載せてあった電子レンジが釣られてガタガタ揺れる。

「これだよ！　これ！　こないだ話した奴！　冷蔵庫が暴れる奴！」

「マジか！」

冷蔵庫の得体の知れない挙動に、友人二人は腰を抜かしかけた。

「何これ！　怖い！」

「あんたこれ、怖くないの⁉」

唐突に始まった揺れは、いつものように唐突に収まった。

「心霊現象だよ！　お祓いしなよ！」

掌を返した友人達に強くお祓いを奨められたが、結局お祓いの類はしなかった。

「私としては、友人の狼狽《うろた》え振りで〈冷蔵庫が暴れる〉という現象が自分の気のせいじゃないことが確認できたので、まあそれで十分かなって」


冷蔵庫はそのうちガタガタ言わなくなった。

東京ミッドタウン

赤坂にあるのに六本木と紹介されがちな複合施設・東京ミッドタウン。

同じ名前の施設が日比谷と八重洲にもあるが、これは旧防衛庁本庁・檜町庁舎跡地の再開発に伴って竣工開業した、最初の東京ミッドタウンでのお話。

様々な商業施設が集まる幾つかのビルのうち、ミッドタウンのシンボルでもある地上五十四階建ての超高層ビル、ミッドタウン・タワーには今をときめく有名企業のオフィスが集まり、日々、多くのビジネスマンが犇《ひし》めいていた。

五木氏が当時お勤めの会社も、この開業間もないミッドタウン・タワーに本社を置いていた。

ミッドタウン・タワーは、それ一つでちょっとした街に匹敵する規模の人数が日々出入りする。このためエントランスも巨大で、高速エレベーターもフル回転で稼働している。

出先からオフィスに戻ってきた五木氏は、エレベーターホールに向かった。

エレベーターホールの入り口から、向かって右手側の壁にエレベーターが五基並んでいる。

丁度一階に到着した一番奥のエレベーターに、カジュアルな服装の人々が十人ほどが乗り込んでいくのが見えた。

五木氏はエレベーターホールの入り口付近にいたのだが、駆け足で飛びついて目の前でドアが閉まってしまうのも決まりが悪い。

――それに、あの人数では途中階で何度も停まりそう。

それならやり過ごせばいいか、と満員のエレベーターは見送った。

一番奥のエレベーターのドアが閉まるのを見送ってから、〈上〉に行くボタンを押した。

ところが、直後に一番奥のエレベーターのドアが開いてしまった。

(やっべ！)

動作しかけたエレベーターのドアが途中で開き、誰かを待っている。それを待つ側の苛立ちと待たせてしまった申し訳なさは、分刻みで働くオフィスビルの住人ならどちらも痛いほどによく分かる。

五木氏は、とにかく慌てて一番奥のエレベーターに走った。

開いたドアに駆け込んで「すいません！」と謝りながら乗り込む。

そこには誰もいなかった。

「……っていうことが、今し方あって」

首を傾げつつ空っぽのエレベーターに乗ってオフィスに戻った後、向かいのデスクの同僚にそんな話をすると、同僚は「分かります」と頷いた。

「それ、私も同じことがあったんですよね」

彼女の話によると、五木氏と同様、エレベーターに大人数で乗り込んでいくのを追いかけて乗り込もうとしたら、カゴの中は無人だったらしい。

「スーツ姿の人は一人もいなくて、全員なんだかカジュアルな格好でしたね」

乗り込んで消えた面々は、どうやら五木氏が目撃したのと同一の集団のようだった。

それから一年ほど過ぎた頃。

出勤してきた五木氏がエレベーターを待っていると、やたらカジュアルな服装の一団がエレベーターに乗り込んでいった。その後を追いかけて乗り込んだが、それらは特に消えていなくなることもなかった。

その集団が降りていったのは、世界展開しているカジュアルアパレル大手のオフィスが入っているフロアだった。

だから、あの集団が一年前に見えたんじゃないか、ということになっている。


ミッドタウンはこの手の「見えて消える人々」が屡々目撃されている。

五木氏がオフィスに向かう廊下を歩いていたときのこと。

目の前を何処かの会社の社員とおぼしき女性が歩いていた。

五木氏は、女性の後ろ姿をぼんやり眺めながら後を付いて歩いていた。

が、女性は突然かき消えてしまった。

向こう側が透けていたとか、そういう予兆は一切なかった。

ごく普通の、何処にでもいるありふれた会社員が、パツッとスイッチを消したかのように目の前で消え失せたのである。

人の出入りが多いオフィスビル、しかも後ろ姿しか見えなかったので顔見知りかどうかも分からないが、それは直前まで確かにそこに存在していた。そのように見えた。

また別の日のこと。
この日の五木氏は、エレベーターでなく階段を下りていた。
直近のフロアに移動するためだけにエレベーターを待つのが面倒だったのである。
階段をてくてくと下りていくと、背後から足音が聞こえた。
コッ、コッ、コッ、コッ、コッ、コッ。
随分足早である。
急いでいるのかな、と思って道を譲ろうと足を止めた。
コッ、コッ、コッ、コッ、コッ、コッ。
足音は立ち止まる五木氏に迫り、そして抜き去っていった。
誰かが階段を下りていったのは間違いないのだが、足音の主の姿は何処にもなかった。

「何かねえ、あそこ多いんですよ。こういうの」
ミッドタウンの敷地の由来を眺めてみたが、旧防衛庁の庁舎になる前には大名屋敷だったり陸軍の駐屯地だったりＧＨＱに接収されていたり……と遍歴があるものの、この蜃気楼のように消える人々との繋がりを見つけることはできなかった。

「因みにねえ、ミッドタウン・タワーに入った会社は、皆業績が下がるっていうジンクスがあるんですよ。株価下がったり、解散しちゃった人材派遣会社とかあってねえ」

ハハハ、と五木氏は笑った。

実は、この話を伺ったのは二〇一一年のことなのだが、氏がお勤めだったミッドタウンに入居していたゲーム会社も、翌年に同業の親会社に吸収合併されて消滅してしまった。

そのことが気まずいのと申し訳ないのとでこの話は随分長いこと寝かせていたのだが、さすがにもうそろそろ時効かな、と思って今回書かせていただいた。

現在、ミッドタウンに入居している有名企業の社員と縁がないので、今も同様の現象が起きているのかどうかを確かめることはできなかった。

ミッドタウンにお勤めの方がいらしたら、是非お話をお伺いしてみたい。

壁のそれ

車で送ってもらう途中、信号待ちの交差点で助手席から外を見ていた。

誰かの家の壁に、張り付いているものがある。

何かの生物、或いは虫のように見える。

それはあまりにも巨大だった。

最初、よくできたウォールアートかと思った。

しかし、そいつは〈脚〉らしきものを器用に動かし、戸建ての壁を這い回っている。

だから動く看板の類かと思った。かに道楽や食い道楽人形とかの類の、ああいう奴。

ただ、それがへばりついていたのは店の類でなく、まったくの個人の戸建て家屋である。

脚持つそれは、壁面をがさがさと這い回りながら家屋の裏手に動いていった。

信号が青に変わって、その後のことは分からない。

ケサランパサラン

ケサランパサランってあったじゃないですか。

あの白い、綿毛みたいなふわふわした奴。

それをバスの車内で見かけたんですよ。車内をふわーっと浮いて漂ってて。

それで、捕まえて白粉で養殖しちゃる！　って思って、手を伸ばしたんです。

そしたら、ふわっと避けられて。

もう一回だ、って素早く手を伸ばしたら。

それまでと全然違う動きをしたんです。

ピュン！　って感じ。

直線的に、一瞬で加速した感じ、分かります？

それで、びっくりするほど素早く飛び去って。バスの天井のファンみたいな奴に飛びこんでいなくなっちゃった。

あんな動きするものなんですねえ。

狐の嫁入り

〈狐の嫁入り〉と言えば、広く知られているのは日中の天気雨のこと。

雨雲が頭上にあるが、日射しは雲の横から斜めに射していて明るく、「晴れているのに雨が降る」という、それだけならごく珍しくもない気象現象だ。

同じ〈狐の嫁入り〉という言葉を、単なる天気雨ではなく「天気雨のときにだけ見られる発光現象のこと」としている地域がある、という話を聞いた。

発生条件は、「天気雨が降っていること」「林の中であること」で、「青い光の玉が林の中を縫って飛び回っていること」をして、狐の嫁入りと呼ぶのだそうだ。

これは嫁入りだけでなく〈狐の婿入り〉もあるそうで、呼称の違いは恐らく地域差だろうと思われた。

ある天気雨の中、事故があった。

事故を起こしたドライバー曰く「車で走っていたら、青い光が飛んでいたので付いていった」らしい。

林の中から現れた青い光は、最初、車の周囲に纏わり付くように飛び交っていた。

そのうち、車を先導するように林道に添って飛び始めたので、自然、それを追走するような形になった。

間違いなく林道を走っていたはずなのだが、次の瞬間、道が切れた。

まるで空の中に突然放り出されたように視界が開け、次に浮遊感があった。

そして、木々の緑が〈眼下〉に迫り来る。

車ごと、崖下に放り出されたのである。


事故は近隣で頻発した。そのいずれもが、「天気雨の日中」に「林の中」で「青い光の玉」を見かけて、それに付いていったら崖下に落ちた、というもの。

死傷者も出ているので、笑い話では済まされない。

だからこれは教訓だ。狐の嫁入りには気を付けろ。

付いていってはいけない。

警衛所の照明について

予備自衛官、という制度がある。陸上自衛隊にだけある制度で、陸自を退職して民間人になった者の中から志願者を募り、有事に予備人員として常備部隊に編入する。

即応予備自衛官が創設されたのは一九九七年と、自衛隊史の中では比較的新しい。

他国で言えば予備役だが、常備自衛官の定員が不足がちな陸自では、近年増加する災害出動や、その他の防衛出動の備えに対して足りない人員をこれで補う。

予備自衛官の普段の身分は民間人で、除隊後に得たそれぞれの仕事に就いているが、招集時は非常勤の特別職国家公務員として常備自衛官同様に服務する。

とはいえ、日々訓練する常備自衛官と比べれば訓練量で劣ってしまうので、定期的な訓練、部隊への出頭によって、常備自衛官だったときの感覚が鈍らないよう求められている。

予備自は、即応予備自衛官、予備自衛官、予備自衛官補の三種が設置されているが、中でも即応予備自衛官は「いざ!」「今すぐ!」という緊急時に招集されて常備自衛官の部隊に組み込まれ、現職と同じ働きができることを求められている。このため、予備自衛官、予備自衛官補などに比べて、訓練回数も多く設定されている。

訓練招集命令に基づいて出頭し、年間で三十日は訓練を受ける。民間の仕事に影響が出ないよう分割出頭も認められているそうだが、「たまの休みがまるまる訓練」「本業の有休を取って訓練」など事情は様々らしい。

訓練にも色々あるが、欠かせないのは行進訓練である。

行進訓練と言っても小学生が運動会でする行進とはだいぶ違う。行進とは、数十キロに及ぶフル装備を背負って、定められた移動ルートを辿る訓練である。道路、林道を移動することもあれば、演習場に指定された山間部や森林、草地、泥濘地を移動することもある。

陸自ではこの手の移動を重要な訓練の一環として位置づけている。道路を移動できればそれが一番早いが、有事には整備された道路を使えるとは限らない。それでも、寸断された災害派遣先や防衛の必要な作戦地にいち早く辿り着き、部隊を投入、展開しなければ始まらない。装甲車、戦車、輸送車、電波指揮車などの大部隊を駐屯地から別の演習場まで一般道を使って移動させる大規模な転地訓練も行われるが、日常的には「駐屯地から演習場まで」「演習場内の地点Aから地点Bまで」といった小部隊の移動訓練は欠かせない。

基本は大切である。

二〇二〇年二月頃のこと。

この日、殿城氏は即応予備自衛官の行進訓練に参加していた。

現役の常備自衛官二十名に予備自衛官六名という編成で、駐屯地近傍の演習場まで朝十時から日没までの日中訓練である。

行進訓練はただ歩くだけではないのだが、ただ歩くだけでも身体が軋むほどの装備を身に着けて行動できる能力を維持できることが求められる。

緊張を保ち、周囲を警戒し、視覚や聴覚をフル稼働させて異変を探りながら重量装備を担いで延々移動し続ける。

日常的に訓練している常備自衛官に比べ、予備自衛官はどうしても訓練量の足りなさで差が出やすいが、それでもなんとか食らいついて行進訓練も終盤に差し掛かった。

時刻は十八時を回った辺り。ゴールは演習場内にある廠舎《しょうしゃ》である。

既に日が落ちていて、辺りはだいぶ暗くなってきていた。

簡易警衛所が視界に入ってくる。

警衛員が歩哨を務める、人一人しか入れないくらいの縦長の小屋である。

小さな灯りがぽつりと点灯しており、それをゴール地点の目印にできた。

光は暫く点っていたが、部隊が近付いていくと消えてしまった。

警衛員が煙草にでも火を点けていたのだろうか。

警衛任務はひたすら直立不動して接近者に誰何する門衛である。本来、服務中の喫煙など許されないが、演習場の中など特に外の目に付かないような場所だと、どうしても隊規に対して緩くなるのは仕方がない。

上官が隊規にうるさいタイプであれば、いちいち訓戒されかねない。

殿城氏は自身が現職だった頃の失敗談など思い出していた。

部隊が警衛所に近付くと、再び小さく灯りが点った。

さっきの服務違反者はどんな奴だと気になって小屋を覗き込んだのだが、喫煙者はおろか人の気配がない。周囲にも歩哨はおらず、巡回している様子もない。

そもそも巡回に出るとき警衛が無人では警戒の意味がない。

ここは最初から無人だった、ということだろうか。

ということは、これは喫煙者などではなく、人感センサーか何かで照明が点灯する仕組みであったか。

灯りはすぐに消えた。夏場なら或いは――とは思わなくはないが、二月である。蛍のシーズンではあり得ない。では、あの光源はなんだ。

廠舎に到着後、同僚の予備自衛官に訊ねてみた。

「さっき、警衛んとこ光ってたよね？」

「ああ、光ってたな。新しいライトとか入れたのかね、アレ」

自身が疲労から幻覚を見た可能性も考えたが、殆どの者がその発光現象を目撃していた。

翌日、念のため装置の有無を確認してみたが、警衛所は本当にただの小屋がポンと置かれているのみで、人の気配どころか光源になりそうな照明設備そのものがなかった。

営内や演習中の不審事として報告すべきなのだろうが、報告はしなかった。


自衛隊の怪談では、屡々この手の「不審火」「不審光」に関する目撃談が出てくる。

そういえば、いつだったか西浦和也氏からも「自衛隊の夜間行軍訓練中、山腹を走る青い発光を目撃した」というようなお話を伺ったことがある。

詳しくは西浦和氏が自筆されていると思うので、氏の既刊を探していただきたい。

ちゃんとお片付けしなさい

子供というものは、遊び、食べ、眠るのが仕事である。

特に未就学児ともなれば、そこに「散らかす」という重大な仕事が加わる。

玩具を楽しみ、絵本を眺め、人形やぬいぐるみと対話し、お絵かき帳に高い芸術性の片鱗を描き殴り、そして飽きたら放り出す。

結果、往々にして子供部屋は魔窟と化す。

渡辺さんちの一粒種の陽葵《ひまり》ちゃんの部屋も、床が見えないほどの散らかりようであった。

四歳児の部屋であるとはいえ、やはり躾は最初が肝心である。

「……ひーちゃん、ママと一緒にお片付けしよっか」

「うん！」

掃除、片付け、整理整頓は躾の基本、である。これを嫌ったり嫌がったり面倒くさがったりする癖を付けてしまっては将来色々と大変。

故に、渡辺さんは、掃除片付けを楽しませることで苦手意識を持たせない、という路線を狙った。

幸いにしてゴミや紙屑の類は少なく、ただただ「出したものが出しっぱなし」という状態だった。

「玩具は玩具箱、絵本は本棚。ひーちゃんのぬいぐるみさんは何処がいいかな？」

「ぬいぐるみさんは、えーと、えーと、ひーちゃんの机の上がいい！」

「じゃあ、これ。並べてあげてねー」

ぬいぐるみを幾つか娘に手渡して床に目を落とすと、何やらフローリングが色鮮やかになっている。

「あれっ？」

ペンか何かだろうか。緑色のインクがフローリングにべったりと跡を残している。

やりおった――！

恐らく、お絵かきか何かで興奮して、そのままお絵かき帳の外にまではみ出していったのだろう。自分だって子供の頃にやらかしたことがある。畳に壁に大作を描き殴って、随分と叱られたものだ。我が子もそういう歳になったか。

しかし、こういうことも最初が肝心である。

「ひーちゃん！　ちょっと！　床にお絵かきしちゃダメよ！」

一言だけ小言を言って、ウェットティッシュで擦った。お絵かき用の水性ペンにフローリングという組み合わせが幸いしたのか、緑のインクはすぐに消えた。

シール帳と折り紙を束ねて娘に手渡し、そして手元に視線を戻す。

またしてもフローリングに緑のインク。

つい今し方、拭き取ったばかりの場所である。

「ひーちゃん、ちょっ……」

言ってる側から、またやらかしおったか、と声を荒らげかけた。

が、娘は積み上げた絵本を彼女なりの順番で本棚に詰め込む作業に夢中になっている。

なるほどなるほど。これは娘に濡れ衣を着せてしまうところだった。

ペンのキャップが外れているのだな。剥き出しのペンが何処かに転がっているのだろう。

そう合点してペンを捜した。

ペンはすぐに見つかったのだが、キャップは付いたままだった。というか、そもそも、その他の玩具と一緒に玩具箱の中に入っていた。

なるほどなるほど。じゃあ、アレだ。ペンのインクが他の玩具に付いているのでは。

そう思って、床に転がっている玩具をひとつひとつ手に取って端々まで眺めてみたが、玩具にインクの汚れはない。

ということは、さっき汚れを拭き取ったウェットティッシュから床に色移りしたのだろう。たぶんそう。きっとそう。

新しいウェットティッシュで再びインクを拭き取り、すかさずゴミ袋に放り込む。

「ママ！　お部屋、きれいになったね！」

「そうだね！　よく頑張った！」

繰り返し拭いたフローリングにインクの跡はなく、散らかっていた玩具は片付き、絵本は小さめの本棚に誇らしげに並べられ、どうにか部屋は綺麗になった。

やりきった感から、母娘は満足げな笑顔を浮かべた。

「じゃあ、手を洗おっか。お掃除、お片付けをしたら？」

「んと、洗面所で手を洗う！」

「よくできましたー。終わったらおやつにしよう」

娘に念入りに手を洗わせた後、自分も手洗いする。と、一足先に子供部屋に戻ったはずの娘がすっ飛んで戻ってきた。

「ママ！　また緑になってる!!」

慌てて子供部屋に駆け込むと、綺麗に拭いたばかりのフローリングは一面緑色になっていた。例のインクがべっとりと付いている。

何処から？　まさか、天井から垂れてきた？　と見上げたが、天井は綺麗なものだった。

壁も、玩具も何ともない。クッション、ゴミ箱、その他の調度品も無事である。

ただ、床だけが緑色になっている。

「ママ……」

「オバケだよ。緑のオバケが怒ってるんだよ。お片付け、ちゃんとできない子は誰だ、ママに手伝ってもらってる子は誰だって怒ってるんだよ！」

答えに詰まって、咄嗟《とっさ》にそんな言葉が口を衝いて出た。

「緑のオバケさん、ごめんなさい！　これからはちゃんと片付けます！　自分で片付けます！　言われる前にやります！　だから許して下さい！」

娘は、畏まって大泣きを始めた。

それは、一回こっきりの不思議な出来事——ではなかった。

家事を終えた後、ふと掌を見ると緑のインク。

子供部屋の床、ではなく、机や壁に緑のインク。

娘はそれを見つけるたび、「ごめんなさい！　ごめんなさい！」と、泣き叫び謝りながら部屋を片付けるようになった。

二〇二一年の春から緑のインクは都合四回ほど現れたが、何故現れるのかは皆目見当が付かない。

「まあ……咄嗟にダシにしちゃったけど、おかげさまで躾はうまくできたと思うんです」

点

原田氏が中学生の頃の話。

青森県の岩木山から程近いところに、つがる地球村という滞在型のリゾート施設がある。

当時、ソフトテニス部所属だった原田氏は、家族揃っての夏休みをそこで過ごした。

施設にはテニスコートもあり、両親、弟を交えた四人で、試合形式の練習をすることになった。

母とダブルスを組んで父と弟のチームと対戦していた原田氏は、サーブのためにボールをトスしようとしたのだが、このとき視界に奇妙なものが飛びこんできた。

四面あるコートを照らす照明の真上辺りだろうか。

黒い点があった。

随分と高いところにある。

音はせず、飛行機やヘリではない。

翼などは見えず、鳥でもない。

気球とも思えない。

糸は見えず凧やアドバルーンでもなさそうだ。

それは、空中を一切移動することなく、空間に固定されたかのようにその場に留まっていたからだ。

雲一つない青空に、これ以上ないほど似つかわしくない。

見間違い、ということもある。

試合を再開して、暫くボールを打ち合った。コートチェンジして場所を替わり、原田氏に再びサーブの順番が回ってきた。

ボールを手に、再び空を仰ぎ見る。

真夏の青空に針で穴を開けたかのように、黒い点はその場から動かなかった。

鏡の父

随分前に伺ったお話。
彼女は就寝前の習慣で、鏡の前で髪を解いていた。
ブラシで梳《くしけず》っていると、彼女の父が話し掛けてきた。
「ちょっといいかな」
世間話のようなもので、別段記憶に残るような大事な話はしていない。
背後に立つ父と鏡越しに話をしていたのだが、違和感がある。
何やら妙に暗いのだ。
部屋の明かりは点いている。
室内灯が鏡の端に映り込んでいるし、そうでなければ自分の顔すら見えないだろう。
だが、この暗さは何なのだ。
よくよく見ると、暗さの原因は父にあった。
室内灯を父の身体が遮っている、ということではない。

父の身体が、うっすらと闇に包まれている。

室内灯を背に父の身体が影になっている、ということではない。

全体に暗い影のようなもの。それが、まるで繭の中に覆い隠すように父の輪郭を包み込んでいる。

鏡から視線を外し、父を振り向いた。

裸眼で直視する父の姿はいつもと変わらず、影も靄《もや》も何もない。

ホッと安心して鏡に向き直る。

鏡の中の父は、やはり闇に包まれている。

何度繰り返しても同じだった。

その後、父の身体に変化が起きたとか、何らかの不幸や事故病気に見舞われたとか、そういったことは特に起きなかった。

別段、普段と変わりなく元気に過ごしている。

暫く身構えていたが、何事も起きなかったので次第にそのことは記憶の彼方に散った。


数カ月過ぎた頃。

鏡の前で髪を解いていると、父が話し掛けてきた。
「ちょっといいかな」
なあに、と鏡越しに父を見る。
父は真っ暗だった。
以前見たよりもずっと影は濃くなり、殆ど父の姿を見分けられない。
前回は逆光気味の暗さだったが、今回は遙かに暗い。
明かりを消したように暗い。
いや、強いて言うなら〈光を闇で照らしている〉ようだった。
室内灯は点いているのに、父の形をした黒い塊を中心に闇が差している。
振り返ればいつもと変わらない父。
しかし、鏡を通してみるともはや父の姿は何処にも見えない。
父の照らす闇のせいで、鏡に映る彼女自身の顔も判然としなくなっていた。
その後も特に父には不幸も事故も不健康も起きていない。
何かの予兆なのかそうでないのかも分からないが、無事ならそれでいい。

今日は誕生日だから

爺さんの誕生日にさ、音がすんだ。
ガラガラ、ガラガラ、ガラガラ、って。
なんだんべ、と思ったんだけどさ。
アレだよ。
雀牌をかき回す音。
爺さん、好きだったからさ。

精霊の助力

「紐を掛けてくれないか」

祖父が懇願してきた。

指差すところを見ると、祖父の曲がった背ではどうにも手が届かないらしい。

高い所に用事があるのか、何か飾り付けるのか。

聞いてもどうにも要領を得ない。

「紐を掛けてくれりゃいいんだ」

それだけでいいんだ、と乞われた。

分かった分かった、それじゃあ今日はもう遅いから、明日ね。

そうぞんざいに答えて、それ以上は気に掛けなかった。

夜半、屋根裏からガタゴトと音がした。

風の強い晩だったから、家族は「精霊が誰かを迎えにきたのではないか」と囁き合った。

翌朝、祖父は縊死《いし》していた。

辺りにとっかかりになるような台や椅子はなく、祖父の手の届かないあの高所に、いったいどうやって紐を掛けたのかが分からない。

しかし、祖父は昨日せがんだ高所に掛けた、粗末な紐の先で揺れていた。

やはり、精霊が手助けしたのではないか、と家族で囁き合った。

よく行く飲み屋で隣り合った、フィリピンから来たアニーちゃんの里帰りのときの話。

聖遺物

「俺んち、実家を仕舞うことになったんだよね」

飲み友達の榊さんの御実家は、新宿の下落合にある。

日露戦争の頃に建ったとか、戦前に建ったとか、築年についてはどうにもあやふやなのだが、榊さんの爺さんの代には既に住んでいたということらしいので、相応に年代物であったようだ。

「人の出入りの多い家だったらしいよ。何でも下宿屋だったとかでさ」

日本全国から上京してきた若者達が、長らく入れ替わり立ち替わり住みついた。戦前は外国人の下宿人もいたらしい。

昭和三十九年から平成の頭頃まで榊さんも同じ実家に暮らしていた。家を出て二十年以上は経つが、昭和のうちに祖父母が亡くなり、先頃、榊さんの父上も亡くなった。

歴史ある古民家、というよりはただただ古い家の類である。さすがに老朽化が進み、残された子供達も既にそれぞれの暮らしがある。

今更この家に住もうと手を挙げる者もいなかったので、家の中にある家財を遺産として整理し建物も処分してしまおうか、という話が持ち上がったのが、東京五輪を目前に控えたコロナ禍中の二〇二一年の七月頃。

久しぶりの実家には、様々な〈形見〉が溢れていた。

榊さん、その兄、甥のユウジは姉の長男であるが、若い男手が必要だろうということで呼び出された。

さて遺産、形見と言っても、その大多数はガラクタの類である。古いは古いが価値があるのかないのかよく分からない。榊一族に特段の目利きがいる訳でもないから、自然「要らないものをとにかくどんどん片付ける」という感じで、実家整理は進んだ。

客間の奥にある押し入れを開けると、山ほど食器が出てきた。

ガラス器もあるにはあるが、大部分は埃を被った陶器、磁器の類である。

古家から陶器が出た、と聞くと、すわ「お宝の予感！」と心躍ってしまう。榊一族の面々もそこは同様だったのだが、いずれも然程価値があるもののようには思えない。

「あー。下宿屋やってたんだもんなあ……」

下宿人に賄いも出してやっていただろうし、下宿人だって一人や二人ということはあるまい。となれば、自然、食器も多くなる。

正に二束三文の山であるが、それでも諦めきれないのか「いやいや、お宝の一つも紛れてるかもしれない」とユウジは譲らない。

「いいから、とにかく押し入れの中身全部出せよ」

男達は、ずっしりと重い陶器の山をエンヤコラと運び出していく。

「何だこりゃ」

声を上げたのは兄である。

食器の陰に隠れて、何やら棒状のものを見つけた。

高さは十センチそこそこで、片側が少し窄《すぼ》まった円筒形の焼き物である。

見たところ、顔らしきものが象られた人形のようだ。

釉薬《ゆうやく》を掛けて焼いた陶器人形、といったところか。

ひねくりまわしていると、ユウジが覗き込んで感嘆の声を上げた。

「これ、マリア様じゃん」

言われてみれば、長い頭巾を被り胸元に赤子を抱いている。

なるほど、マリア像である。

が、亡父も祖父母も、榊家は代々仏教である。

強いて言えばクリスチャンに嫁いだ姉とその長男であるユウジが例外だが、相応に真面目なクリスチャンの姉が、忘れ去られた実家の押し入れに宗教的シンボルを隠し持っているというのも理屈が合わない。

「何か気味悪ィな」

と零す仏教徒組に対して、クリスチャンのユウジは鼻白んだ。

「何でよ。マリア様だよ？　聖母様だよ？　何か御利益ありそうじゃん」

御利益、という言葉を選んでしまう辺りクリスチャンとしてどうなのかと思われたが、ユウジはマリア像をひょいと摘まみ上げて、自分の脇腹をマリア像の頭で擦り始めた。

「何やってんだよ」

「いや、さっきどっかぶつけたみたいで、今ちょっと脇腹痛くてさ。もしかしたら効能というか奇蹟とかあるかもしれないから試してみようと思って」

観音像だの地蔵菩薩だのには、悪いところを擦ると身代わりになってくれるという伝承や信仰があるが、それはマリア像でも通じる話なのか。

篤い信仰心はあることはあるが、ユウジの信仰心は若干雑であった。

が、その雑な信仰に対して奇蹟は起きたのである。

「……お。おおおー。痛みが消えた！」

本当かよ、と疑うと、

「本当だよ！　奇蹟だよ！」

と、ユウジは感極まって有り難がった。

「叔父さん、このマリア様、俺が貰って帰っていいかな。形見分けで」

今回の趣旨は実家の片付け＆形見分けであったので、ユウジの要求は至極趣旨に見合ったものだったはずだが、榊さんと兄は全力で止めた。

「やめとけって！　そんな気味の悪いもの！」

マリア像の形はしているが、御利益を期待したら期待通りの御利益があるなんて、どうにも奇妙じゃないか、と仏教徒の伯父＆叔父は全力で甥を説得した。

「こういう得体の知れない代物は、後で何か代償を強いられたりするんだから、絶対に止めとけって」

クリスチャンの甥はというと、若干信仰心が雑だったのかそこまで拘る様子もなく、

「じゃあ、しょうがねえか」とあっさり引き下がった。

これで魅入られたように拘ったりしたら、羽交い締めしてでも止めるつもりであったのだが、信心が雑で助かった。

ユウジが、元あった押し入れの片隅にマリア像を戻した、その途端。

「……あっ。痛っ！」

御利益で治まっていた脇腹痛が復活したのだ、という。


「……それで、これがそのマリア像なんだけどさ」

榊さんが現物を譲ってくれるというので、僕がそのマリア像を引き取ることになった。

結局、兄弟の間で相談してみても、誰がいつ頃持ち込んだのかさっぱり見当が付かないらしい。榊さんは戦前の下宿人の外国人か、戦後に全国から上京してきた下宿人の誰かの持ち物だろう、と目星を付けていたようだが、そこから先が分からない。

「では拝見」

気分は鑑定団である。見たところ美濃焼や信楽焼のように釉薬がつるつるしている。

こうした焼き物は、埴輪《はにわ》がそうであるように中空に作るのが定石だと思うのだが、中は

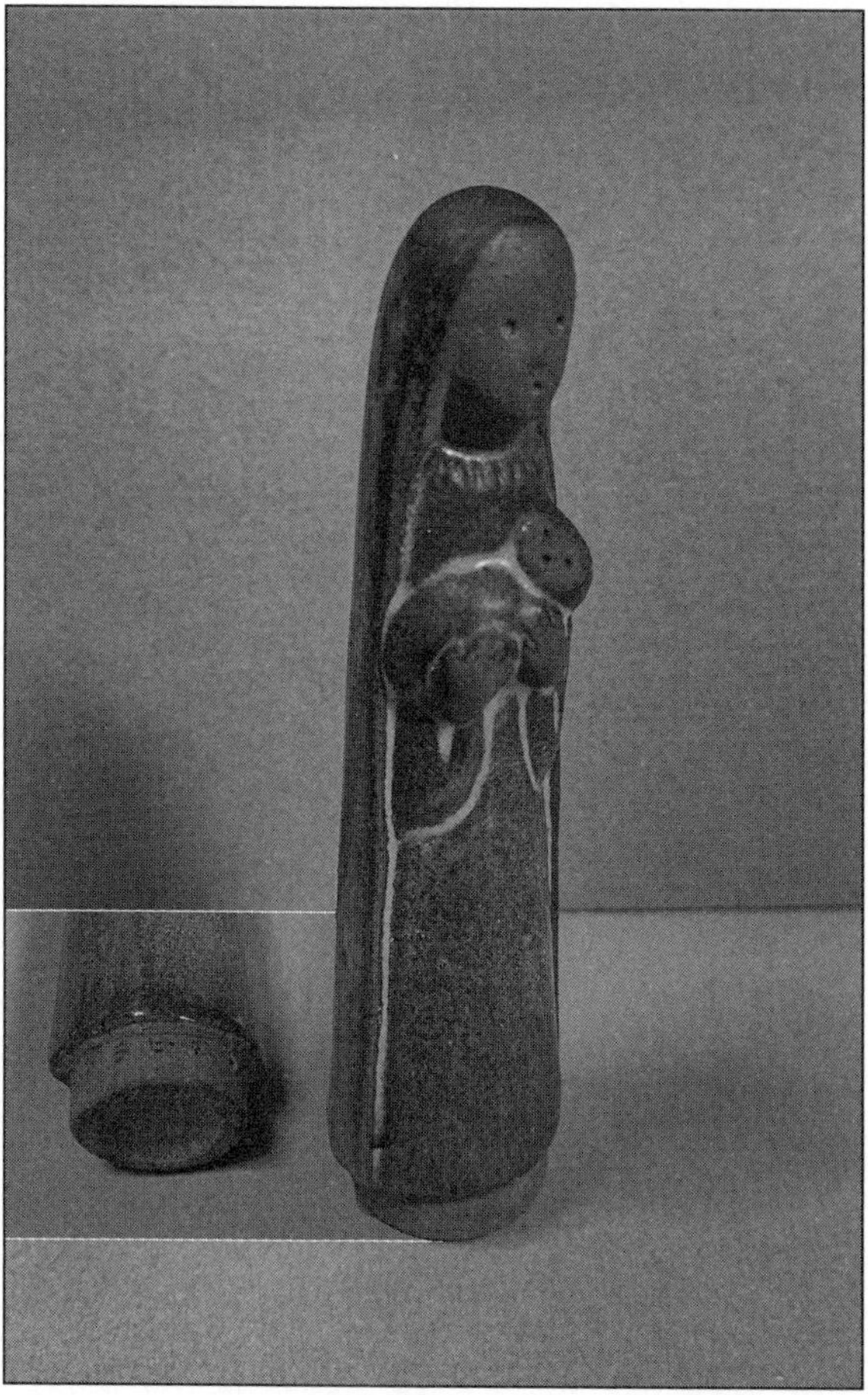

ぎっしり詰まっていて重みがある。

裏返してみると、足元近くのところにカタカナで「トラピスト」という文字がある。

「カタカナですね。ってことは国産品だな。外国人の下宿人が国許から……っていう線はなさそう。でも、国内で手に入れた可能性はありますね」

見たところ、陶芸家の一点物というよりは手作りの量産品に見えた。困ったときのGoogleレンズで類似品を捜してみたところ、どうも伊万里焼きであるらしいことが判明した。九州のとある修道院が、自前の窯で焼いている製品によく似ている。

該当する修道院のサイトを当たってみると、全体の雰囲気は合致するが細部が若干違う。昭和四十年代頃から、修道院と所縁のある洋画家の指導で造り始めた、とある。こういったものは作り手によって造りに揺らぎが出るものでもあるので、細部の違いは作陶年代による揺れなのかもしれない。

澁澤龍彦とも親しかったという件の画家を調べると画家の母親が霊能者で、画家自身も幼少時に神秘体験を重ね、それが後の作風に影響を与えた、とあった。

件のマリア像は、本書を執筆中の僕の机の上にある。

像の頭頂部分のみ釉薬が薄くなっているのだが、これは長年に亘って撫でたり擦ったりと疾《と》く使い込まれた古い陶器に時々見かけられる。

恐らく、歴代の持ち主が祈りを込めて撫でさすり、時に痛みを和らげようとしてきたのではあるまいか。

……という本稿を書いていたところ、何だか僕の脇腹も痛くなってきた。

とりあえず、今からマリア像で擦ってみようと思う。

修学旅行

よく行く飲み屋で時々見かける勝俣君は、縄文人かなっていうくらいには濃いめ。弥生系で体毛薄めの僕からしたら、勝俣君は眉も髭も腕毛も濃く、髪もふさふさ。きっと、胸毛もギャランドゥもふさふさなんだろうなあ、という割とどうでもいいことを酔った頭で考えていたときに聞いた話。


勝俣君の高校時代の修学旅行先は宮崎だった。

宮崎市中を銘々が見て歩く中、勝俣君は市外から少し離れた離島にある名勝に向かった。市内から橋で繋がるその島には、鬼の洗濯板と呼ばれる有名な波状岩に囲まれた神社があった。

彦火火出見尊・豊玉姫命・塩筒大神の三柱を祀る神社は、古くは平安の昔には既に信仰の地として在ったことが伝えられている。

朱に彩られた極彩色の本殿に賽銭を投げて手を合わせる。

本殿の写真を一枚撮る。

この本殿以外に、更に古い祠があると聞いている。本殿を突き当たって境内を東北東へ向くと、願掛け絵馬が棚引く参道が延びていた。

勝俣君がよく知る神社なら、こうした参道は鬱蒼とした御神木の森や林の中にあるものだったが、この参道は椰子《やし》を始めとする熱帯植物に囲まれ、独特な雰囲気に包まれている。

参道を五十メートルほども行くと、本殿と同じく朱に塗られた小さな祠が見えてきた。

本殿よりも古いとされる元宮は、密林の中に少し開けた空間の中央に据えられていた。

ここでも写真を撮った。

「あれっ？」

デジカメのディスプレイを見ると、画面の四分の一ほどが白くなっている。強い光か何かでハレーションを起こしたかのようだが周囲にそんな光源はなく、祠にも異状はない。

そこからまた海に架かる橋を渡って、市街の観光地を幾つか巡った。

どうにか宿に辿り着き、割り振られた部屋で一息入れていると、噴き出す汗にひやりと風が当たる。

エアコンは点いていないし、扇風機や送風機の類はない。

はめ殺しの窓は何処にも隙間がない。

同級生はまだ戻っておらず、室内には自分一人しかいない。

なのに、空気が動いている。

何処から、というのははっきりと分からないのだが、風が吹いている。

何だろう、と立ち上がって室内を検分しているうちに気付いた。

入り口近くの壁に据えられた大きな姿見。

そこに、自分の姿が映っていない。

角度を変えても変わらない。勝俣君が、その鏡の中にいないのである。

自分はいないのだが、別のものが映っていた。

着物の帯である。

男物か女物か、帯のことは詳しくないのだが、その布きれが帯であることは分かる。

そして、帯の背後にあるのは部屋の壁のみである。

もちろん、勝俣君は出先から戻ったままで、宿の浴衣どころかジャージにすら着替えていない。

どういうことだ――。

何らかの仕掛けを疑ったその瞬間、首を掴まれた。

姿見には自分の姿はなく、やはり帯だけが映っている。

自分の首をぎっちりと絞めつけているはずの誰かの手も指も映っていない。

首を掴む指に力が入り、勝俣君の身体が床から浮き上がった。

誰かが首を絞め上げ、そして勝俣君の身体を吊し上げているのである。

息が詰まる。

背後から、囁くような小さな声が聞こえた。

「わたしを、おいて、いかないで」

女の声だった。

〈置いていかない。連れていく。だから許して下さい！〉

声に出してそう叫ぼうとしたが、首を絞められているからなのか、声は声にならなかった。それでも心の中でそう念じ、呻くように捻り出して赦しを乞う。

不意に、戒めが解かれた。

宙に浮いていた身体が放り出され、行き場を失っていた両足が床に落ちた。

赦された。

次の日程では宮崎から移動して熊本に向かった。

熊本城でも何枚か写真を撮ったのだが、撮影したものを確認すると髑髏《どくろ》が十数個写り込んでいた。


「……とまあ、そういう話なんですよ」

それでね、と勝俣君は上を向いた。

「俺、結構毛深いでしょ。でも、ここんとこ分かります?」

と、示された彼の右顎の肌を見ると、不自然につるっとしている。

数本、指を当てたような無毛地帯がある。

「修学旅行の後から、掴まれたとこだけ髭が生えてこなくなっちゃったんです。俺、今三十六だから、もう十数年間、ずっとですよ」

母とお呼ばれ

馬飼野さんは、その頃、和歌山県に住んでいた。

和歌山と言えば陸の孤島だの交通の便が悪いだの言われがちで、余所の土地から入るのも余所の土地に行くのも難儀するイメージがあるが、全県がそんな交通悪条件な土地である訳ではない。県都和歌山市を始め、観光で栄える地域は道路も鉄道も整備されている。

ただ、南紀や県央部などでは若干鉄道の便が悪いとか、峻厳《しゅんげん》な山々に寸断された集落は行きにくいとか、そういう地域からは関西の主要都市までですら移動に時間が掛かるだけだ。

そのためか、移動の足がない年寄りや地元で生活が完結する人などは、県外に出る機会が多くない。時間が掛かって面倒だ、という理由で旅行一つしない人も珍しくない。

その年、馬飼野さんの母上は還暦を迎えた。

余り出かける機会がない母上に、何か還暦祝いをと考えた馬飼野さんは、母上を連れて奈良県三輪山を訪ねた。

馬飼野さんはどちらかといえば県外にも頻々と足を運ぶほうだが、中でも三輪山が好きで何度となく訪れていたので土地勘もある。寺、神社、古刹に名跡・史跡・遺跡、土地柄で古墳も数多く、何かと見どころがある。

電車でJR三輪山駅に到着したところで、母上が言い出した。

「何やろね。誰か呼んでる」

「え、誰？」

母上と馬飼野さんの二人で来た旅で、顔見知りの同行者は他にいない。

少なくとも母上に三輪山の知り合いはいないはずだ。

「何か、呼んでるのよ」

耳を澄ませても声はない。

聞き間違いか気のせいだろう、宥めるも、母上は「呼ばれるんよ」と譲らない。

「誰？　何処？」

と駅のホームをうろうろし、駅を降りてからも周囲を見回しては「何処？　え、何処？」と見えない何かを気に掛け、土地勘もないのに予定にない場所にふらふら向かおうとする。

訊ねても、別に何かが見えているということではないらしい。

「うーん、分からんのよ。でも、呼ばれてるのは分かる。エラい気になるんやわ」

と首を捻る。

結局、特に大事に至ることはなく事なきを得て帰宅したのだが、帰宅後も母上は事ある毎に三輪山のことを引き合いに出し、「呼ばれたんよ」「気になるんよ」としつこく繰り返す。

馬飼野さんとしては放っておいてもよかったのだろうが、一人で確かめに行かれて何かあっても厭なので、

「分かった分かった。じゃあ、俺が様子見てくるよ」

と母を諌めて、再び三輪山に足を運んだ。

何か当てがある訳ではないから、馬飼野さんが単独で三輪山に来たとて手掛かりがあるとは思えないが、「何もなかったよ」と報告の一つもできれば、母上の安心にはなるだろう。

これも親孝行だ、と思った。

ＪＲ三輪駅に降り立つ。

観光地らしからぬ寂れた駅前には小さな売店があるくらいで賑やかしさとは縁遠いが、この素っ気なさは嫌いではない。

と、改札を出たところで違和感を覚えた。

見えている風景は先日と変わらないのだが、何か——呼ばれている。

声が聞こえる訳ではなく、人の姿が見える訳でもない。

ないのだが、袖を引かれているような、背を押されているような。

急き立てる、押しやるというほどの強引さはない。

しかし、行こうと意識した訳でもない方向に、あれよあれよと連れていかれる。

こういう経験は初めてだったが、ここは一つ乗ってやろうと身を任せることにした。

引っ張られるままに付いていく。

駅を出て住宅街を少し行くと、三輪山へ向かう道へ。

踏切を潜って線路を越え、観光客も来ないような細い路地を歩く。

小学校を過ぎ、天理教教会の脇を過ぎても尚まっすぐ。

このまま行くとすると、終点は三輪山平等寺か大三輪教本院か。

と意識がそちらに向かいかけたところで、森に続く遊歩道のような脇道に、ひょいと引き込まれた。

そこで不意に馬飼野さんを「引っ張る力」が、かき消えた。

森を抜け山裾に添って辿り着いたのは、金屋の石仏の前だった。

ここまで引き寄せてきた強制力のようなものはもはや感じられず、何処にも誘われない。なるほど、呼んだのはあなたでしたか、と納得した。

ふと見ると、石仏のお堂の脇にも道がある。

道と言ってもこちらはしっかり整備されている様子はなく「誰かが歩いて落ち葉を踏んだ跡が山の中に続いている」といった程度で、先程まで歩いてきた遊歩道より更に寂れている。

三輪山の別の院への近道か、それとも隠された何処かへ続く道の類かもしれない。

ついでにこの先にも行ってみようか。

そこで馬飼野さんの探求心が鎌首を擡《もた》げ、山中に足を一歩踏み入れた。

――ふぎゃあああううう！

――なあああううう！

――ぐぅぅぅぅぅ！

猫の唸り声が響き渡った。

先程までの「こちらへ来い」「こちらへ行け」というふんわりした誘導とは明確に異なる。

それは、強い拒絶だった。

なるほど、こっちは行ってはいけないのか。

何か禁を犯したのかもしれない。ならば導きには逆らうまいと得心した馬飼野さんは、踵《きびす》を返した。

途端、猫の警戒音はかき消えた。

馬飼野さんは特別信心が篤い訳でもないのだが、このときはこうするのが正解であるように思えた。

石仏に手を合わせて帰った。

以後、母子ともに特に呼ばれることはなくなった。

が、何のために呼ばれたのか、何をさせたかったのか、させたくなかったのか、呼びつけた側からその辺りの説明は特にない。

内見の旅

神谷さん御夫婦は、新居を捜していた。

と言っても、新築戸建てはなかなか手が出ないので、ここはどうにか一つ中古の戸建てで出物はないかと、不動産屋に打診したのだ。

もちろん、駅に近くて、駐車スペースがあって、日当たりが良くて、学校や公園に近くて、スーパーか商店街があって、コンビニと病院が近所にあって……というような好条件を挙げ連ねていきたいところではあるが、そこまでの好条件を求めたら新築どころか中古戸建てでも出物に出会えそうにない。

ともあれ、予算と条件を伝えて幾つかよさそうな物件を見繕ってもらった。

最初に見学した家は、住宅街に佇む〈見たところは何と言うことのない家〉であった。

不動産屋の案内に続く。

それなりに居住感を残すエクステリアと玄関。

見たところ綺麗に清掃された廊下。

〈何々が何室ありまして〉という通り一遍の内見説明を聞きながら、奥の部屋に踏み入った。ピンクの小花柄の壁紙が貼られた、これもまた何ということのない一室。元は誰かの居室だったのだろう、少し焼けた壁紙に往年の住人の暮らした痕跡を感じる。

不動産屋の後に付いてその部屋を出ようとした、そのとき。

神谷さんの左腕が、ついと引っ張られた。

強く握って引き留めようとする。縋り付くような、纏い付くような不快感。

痩せこけた男がそこにいる。

男は神谷さんの左腕を掴んでいる。

ああ――これは。

恐らく前の住人なのだろう。

神谷さんは男の腕を、そうと気取られないように振り払った。

気付いていないように振る舞い、そのことに気付かれないよう細心の注意を払った。

「こちら、お二階があります」

階段を上った先にもう一室あった。

まだリフォームはされていないんですが、と不動産屋は歯切れが悪い。

見ると、壁に若干の損傷がある。

若干の——というか、大きく凹んでいる。

何か硬いもの、例えばバットのような棒を強く打ち付けたような痕跡だと言われれば合点がいく。

部屋のドアを見ると、ハンドルのところにシールが貼られていた。

〈セールスおことわり〉

玄関や勝手口ではない。

室内と廊下を区切るだけの扉に、何故。しかも、二階の部屋なのに。

キッチン、バストイレなども一通り見た後、不動産屋は物件のプロフィールについて説明を始めた。

だが、説明が頭にまるで入ってこない。

左腕を掴まれたときに感じたような、ぞわりとした不快感が一層強まっている。

言うなればそれは拒否。拒絶。この家から出ていけなのか、ここに近付くな、なのか。

前の住人なのか何なのか、余り歓迎されていないと分かる。早くこの家から出たくてたまらない。

それでも不動産屋の説明を聞くと、「この家は、若干の瑕疵《かし》があります」という。

壁の穴のことかと思っていたが、それだけではなかった。

曰く、設計図通りに建てられていないのです。

曰く、屋根裏に雨漏りの可能性がありそうです。

曰く、幾つかの瑕疵が理由で、ローンを組むのに支障があるかもしれません。

この僅かに鼻を衝く黴びたような、木材が湿り気を帯びたような臭いは、何処かで雨漏りしているということか。

なるほど。

じゃあ何でそんな物件に案内したんだ、という気持ちがないではないが、「予算の範囲内で条件に見合うもの」というこちらのオーダーに、彼は誠実に従ったのだろう。

なるほど、なるほど、と頷いて、「次に行きましょう」と急かした。

この後、二軒ほど内見して帰宅した。

帰宅すると、室内に湿った木材の臭いが漂った。

最初に見学したあの家の臭いである。

気になって、物件住所を含む大字で周辺の情報を検索してみたところ、該当地域で尊属殺人があったことが判明した。

〈息子が母親を殺害した〉

あの場にいた痩せこけた男は、母親を殴り殺した息子、その怒りや怨みといった思念の残り滓《かす》のようなもの、といったところか。

なるほど、なるほど。


別の日に内見した物件は、初回の家とはまた別の意味で強烈だった。

「こちら上物が老朽化しておりますので、物件は解体して土地のお引き渡しになります」

そこは、何とも幸せな家だった。

個人の家であったにも拘らず、言うなれば、聖地——パワースポットのような。

近付くだけで運気上昇、特に子供が愛される家である。

取り壊されるという古家も、確かに古びてはいるものの大切にされてきたということがありありと分かる。

何故なら、その家、その土地は土地神様の加護を得ていたからである。

この地の土地神様は大層子供好きであるようで、敷地内に子供の姿も見えた。

土地神様は、元気に遊ぶ子供がはしゃぐ声が好きで、この家で子供達が育っていく様子を愛で、幸せを感じていた。土地神様がとびきりの依怙贔屓《えこひいき》をしていたと言ってしまっても過言ではない。

この土地に住むなら、母も子も病気にはまず罹らない。土地神様はそのくらいはやる。

敷地内で見かけた子供は四人いた。

子供の霊が四人、ということではない。

新婚夫婦がこの地で暮らすと、子供を四人は授かることになる――という予兆のようなものだ。子々孫々に至るまで大いに繁栄しそうである。

近付くだけで御利益がありそうな土地だけに、非常に惜しかった。

何故なら、神谷さん御夫婦にはお子様もお孫さんもいないためか、「来んでいい」とやんわり拒絶されてしまったようなのだ。

先日確かめたら、土地神様が依怙贔屓する土地は売れていた。

あそこに家を建てる家族は、きっと幸せに過ごされるだろうと思うと何とも羨ましい。

左腕を引っ張られた家のほうは暫くの間売れずに残っていた。神谷さんからお話を伺った時点では、住宅情報サイトに売り出し情報が掲載されていたのだが、原稿執筆のために再確認しようとしたところ、情報掲載は終了していた。

買い手が付いたのかどうなのか、販売を諦めたのかどうなのか、そこのところは分からない。

神谷さんは〈そういうのが分かる人〉ではある。

「視えると事前に瑕疵を見つけられて便利でしょう」と思われがちではあるが、当人曰く、

「ともあれ、中古住宅見学は家からも庭からも、色々流れ込んでくるのできつかったですね。もう懲り懲りかな」

神谷さん御自身は都合三回ほどの内見ツアーを経た後、無事にお住まいを手に入れられた、とのこと。

狸囃子

小学校に入る前のこと。
夜、と言っても幼児にとっての夜なので、さほど遅い時間ではなかった。
耳を澄ますと何やら音が聞こえる。
笛、それも篠笛や和楽器の竹笛のような音色。
鼓を打つ軽快な打鼓音。
曲は分からないが、総じて〈お囃子〉のように聞こえる。
そのお囃子は家の外から聞こえている。
窓をうっすら開けると、隣り合う神社の社からだと分かった。
社に灯りはなく、そもそも人の気配もない。

今も同じ家に住んでいるが、お囃子を聞いたのはその一度だけだ。

夜間巡回

坂口さんは愛媛から香川に戻り、そこで再就職した。

香川で最初に勤めたのは老健——所謂、介護老人保健施設というもの。

程度はそれぞれ異なるが、一人で或いは家族の支えだけでは、生活を維持するのが困難になった高齢者の生活を支援する入所施設である。終身利用が前提の特別養護老人ホームと異なり、老健は中短期の滞在の後、医療的ケアを受けながらリハビリを行って、最終的には在宅復帰を目指す施設だ。

入所者の体調管理をし、リハビリの補助をし、急変などないかどうかを気に掛ける。

看護師としての仕事の内容は病院勤めと大きく変わる訳ではないが、老健では利用者に重篤な病人を見かけることは余りないため、その点は多少気楽だという人もいる。

それでも相手は高齢者であるので、夜間の急変が絶対にないとは言えない。その点、気を抜いていい仕事ではない。

夜勤をしていると、時折気になることがあった。

一階にリハビリ室がある。日中はどうということなく施設利用者で賑わっているのだが、夜に通り掛かるとどうにも違う。

何というか、〈何かヤバイのがそこにいる気配〉がある。

何がどう、という説明をするのが難しい。

日中に同じ場所を通り掛かっても何も感じないのだが、夜に限ってそこに気圧されるような何かが陣取っている。

幸い、夜半にリハビリ室を使うことはないため、入所者もスタッフも夜にそこを通り掛かることはない。坂口さんは見回りで通過することはあったが、極力近寄らないようにしていた。

階段はより酷かった。

夜勤に入る看護師が、火の玉を見た、という。

「火事かって思ったんだけどそうじゃなくて」

霊感がある、そうでもなければ怪談好きならば、オーブだの人魂だの、何らかの具体的な説明の一つもできるのだろう。しかし、そんなものに全く縁も興味もない人々からすれば、〈火の玉〉の一言で片付けられてしまい、余り具体的な説明は出てこない。

とにかく、火の玉が階段に出たのだ、という。

目撃証言は多く、同僚が「私も見た」「自分も見た」と堰を切ったように話す。

場所柄、そうした話はやはり切り出しにくいのだろう。

入所者を不安にさせてはいけないし、科学的に説明が付き辛いものについて、存在する前提でそれを打ち明けることも職業柄憚《はばか》られる。

が、夜勤のたびに〈また出た〉という話が出ていたので、この老健ではもはや〈そういうもの〉として認知されているようではあった。


ある日の夜勤中のこと。

館内は消灯し、入所者はもう随分前に就寝しているはずだ。

何かあればナースコールで知らされることになってはいても、人を呼べないまま倒れてしまう人などいる場合もあるので、必ず有人目視での巡回は欠かせない。

坂口さんの担当階は五階だった。階段を上り、施設の最上階へ向かう。

居室を覗き込んで異状がないかどうかを確認しつつ、薄暗い廊下を進む。

突き当たりまで行って戻る途中、建物の外に面した窓の端に人影があった。

誰だろう。

入所者が夜の散歩でもしているのか、でなければスタッフの誰かが外で用事を片付けているのか。スタッフならいいけど、入所者なら注意して部屋に連れ帰らないと。

考えを巡らせながら通り過ぎ——掛けたところで、気付いた。

ない。それはない。

その窓の外に、ベランダやバルコニーはない。

非常階段がある場所でもない。

足場になるようなものは何もない。

数日後、人影があった場所の真下で、流血沙汰の喧嘩があった。

窓の人影と関係があったのかどうかは分からないが、それから一人で夜間巡回をするのは止めた。

外傷性皮下出血について

坂口さんの香川時代の話。

上京前の半年ほどの短期間、坂口さんはとある介護施設に籍を置いていたことがある。

この仕事は兎角体力勝負な側面がある。痩せて尚重い老人の身体を持ち上げたり支えたり、或いは備品や機材を上げたり下ろしたりを日々繰り返すためだ。経験と体力にはそれなりの自信があったが、自分の体力を過信しないことが仕事を長く続けるコツのようなもの、とも思う。

二月のある日のこと。定時で仕事を終えて帰宅した。

風呂を浴び、くたくたの身体を布団に潜り込ませる。

明日は非番、明日は休日。風呂以外の全てを先送りにした。

糸が切れたように眠りに落ち、夢の一つも見なかった。

そして、翌朝のこと。

寝巻きを着替えよう、と袖を捲ったところ、腕に模様があった。

模様、ではない。何やら痣がある。

右腕、左腕ともにびっしりと青痣ができている。

腕だけではない。

両足にも同様の痣がある。

確かに仕事柄、気付かないうちに何かにぶつけて痣ができている、というような経験がないではない。

だが、昨晩風呂を使ったときにはこんな痣はなかった。

色白の皮膚に浮き上がったそれは、よくある外傷性の皮下出血のそれとは違って見える。

この痣を、一瞬模様と見間違えたのは、形のせいだ。

根元の繋がった紐を束ねたような、或いは——掌のような。

大きさから言えば、子供の指くらい。

慌てて風呂場に飛んでいった。

姿見を覗き込んで驚いた。

首に痣。

蝶のように広げられたそれは、首を絞めようとした手形に見えた。

痣《うず》が疼く。


腕の、足の、首の、全身に張り付く全ての青痣が〈ずきり〉と痛む。

青い手形が身体を握り潰そうとしているかのようにすら思える。

「これは……出かけられないなあ……」

手足や身体は隠せるだろうが、首回りの手形は隠しようがない。

身体を動かすたび全身の青痣が軋むように痛いので、結局この日は何もできずに終日横になっていた。

これが外傷性の皮下出血なら、全治に二週間は掛かるはずだ。

痛みが引いて明日もし出勤できたら、ついでに相談してみようかと思った。


そして翌朝。

手形は全て消えていた。

腕、足、首、全身を覆っていた青痣は、最初からなかったかのように消えた。

相談すべき症状が消えてしまったので、そのまま出勤して通常勤務に就いた。

幽霊の視え方

〈幽霊の視え方〉というのは、「見えないのに見たがる人々」にとって、永遠のテーマであると言える。

斯《か》く言う著者がかつて体験したのは、「夜の暗がりの中、空気の中に歪みのようなものがあった」というもの。

一番近いのは「薬缶の注ぎ口から噴き出す水蒸気」で、白い湯気でなく「高い温度差による空気の層の境界が、屈折して背景を歪ませる」のだが、そのときに同道していた〈視える友人〉には、その全く同じ場所に人ならぬものが見えている、と言っていた。

どうもこの見え方については個人差なのか能力の差なのか、色々違いがあるらしい。

これは個人的にも興味のある話題なので、折に触れて聞ける機会があれば聞くようにしている。だが、そういう能力がある人々にとっては日常の一部であったりするらしく、「落ちもなければ怖くもないから」という理由で余り語られない。語られても、特にどうという怪異譚が伴わないものは聞くだけ聞いて終わりになりがちなので、記録として少し触れておきたい。

赤城さんの場合はこう。

「はっきり起きてるときは、視界を一瞬横切ったり、視界の端で何かがずーっと動いてたりします」

直視しようとすると何も見えない。

だが、視界の隅を何かがちらつくのは分かる。動向が気になるときは、直接視線を合わさないようにして、様子を窺う。

一方、不意打ちで視えるときもあるらしい。

例えば、夜中に気配に当てられて目が覚めてしまったとき。

「そういうときは、パーツしか見えないですね。足だけとか、手だけとか、部分しか見えない。それらが宙を飛んでいく訳です」

それも、見えているときは五秒かそこらで消えてしまう。

そのせいで寝惚けているのではないのか？　と訝しがられることが多いようだが、絶対に違う、と断言する。

もちろん、明確にそれと分かる形で視る人もいる。

等身大の人間の全体が見える、手足の一部が見える、形は人だが見上げるほど大きいのが見える、明らかに人から逸脱した形状の喩えようのない何かが見える、妖怪が見える、などなど。

人の形をしたものの目撃談は信用されやすく、納得もされやすい。

一方、人から逸脱したものの目撃談は、胡散《うさん》臭く思われ、信用をされにくく、何なら虚言癖を疑われて信頼までなくす。

そんな理由から、〈視える人々〉は見えていることについて口を閉ざしがちになるし、見えたことについて明かす相手を慎重に選ぶようになる。

もし、あなたが「こんなの見えたんだけど」と友人に打ち明けられたとき、それが人の形から著しく逸脱した何かについてであったときは、あなたがその人に篤く信頼されているということの証左であると思う。

大事になさって下さい。そういう友人。

霊とあやかしものについての話

怪談を扱っていると、この世のものではない者について言及する機会は避けられない。

所謂、幽霊とされるもの。地縛霊、浮遊霊、そういう呼ばれ方をされる人が化けた、人が無念を残して此岸を漂っているとされるものの類の話は、界隈では最もポピュラーなのではないだろうか。

また、祖先・先祖の霊、守護霊、背後霊と呼ばれる存在もある。一般的な幽霊と明確な区別があるのかどうかは分からないが、身内、血縁、何らかの縁がある存在、と定義するのが良かろうか。

人の幽霊の話は、この世で生きた痕跡があり、身内・知り合いなら尚のこと「生きていたときの出来事」と結びつけられやすい。故に、信じて受け入れてもらいやすい。

知り合いでなくとも、人の痕跡に連なる幽霊譚が「そういうこともあるかもしれない」と許容されるのも、大抵は此岸《しがん》の痕跡との繋がりを多くの人々が連想しやすいからではないだろうか。

これは、祖先の霊の話にも通じるところではある。

昨年、二〇二一年の春に筑紫さん、坂口さんにお話を伺うべく取材をお願いした折にこんなことを言われた。

「加藤さん、たくさん連れてますよね」

僕の背後に色々いるという話については『「忌」怖い話 大祥忌』の〆書きでもさらりと触れたが、実のところこの指摘を受けたのは初めてではない。

これまで、多くの体験者、霊感者、霊能者、様々な方々にお話を伺ってきたが、稀にこれと同じことを異口同音に言われてきた。

――あなたは、たくさん霊を連れていますね、と。

筑紫さん、坂口さんは〈霊〉とは言わずに〈異形〉又は〈あやかしもの〉と呼んでいたが、一般的な理解としてはこれは恐らく守護霊の類の話と理解してよいと思う。

基本的に、あやかしものを一人も連れていない人というのは滅多にいないのだそうだ。

ただ、連れているとしても一人か二人。

その人の前にいることはまずなく、後ろに立っている。或いは、肩にいるか、頭にいるかだそうで、視える人々はそれを見ている。

常人は二人くらいまで、と言うが、ではそれ以上を連れているケースはあるのかというと、僕自身、過去に『続「超」怖い話』で守護霊を二千人連れている猛者の話を紹介したことがある。

そこまで多いのは珍しいのだろうが、筑紫さん、坂口さんは口を揃えて言う。

「一杯いればいい、ってものでもないんですよ。寧ろ、たくさん連れ歩いている人は体調がおかしくなってるはず。人の身に耐えられるようなものではないと思うので」

なるほど、腑に落ちる。

ふむふむと思って聞いていたら、

「加藤さんもたくさん連れてますよね」と言う。

まず、両肩に一人ずつ。

頭の上に鏡餅のように二段重ねに二人。

更に後ろに何人かいる、らしい。

「固定のリーダーがいて、とかではなくて、たぶん都度都度に入れ替わってます。ああ、特に悪いの、ヤバいのはいないいから大丈夫でしょう」

と言いつつも、

「こんなに連れていて体調がおかしくない人は初めて見ましたけど、御自分では分かりませんか？　たぶん、何かの加護を得ているのでは」

自分で〈そういうこと〉が明確に分かったことは、ほぼ記憶にない。

また、そんな能力をもし僕が自覚できていたら、恐らく怪談を生業にはできなかっただろうと思う。

加護と言われても、くじ運だって然程いいほうではないが、もしかしたらもっと致命的な出来事が起こり得たのを、運良く今程度で済ませてもらえていた、ということなのかもしれない。プラスにする加護でなく、マイナスにならない加護の類か。

先にも触れたが、実は過去にこれと殆ど同じ指摘を以前もされたことがあった。そのときには確か「お姫様とその家臣みたいなお侍さんの集団がいる」と言われた。

そのときにも「祖先に武士とかいました？」と問われたが、確かに当家の父方は外様大名の家老筋の家系、母方は旗本の末裔である。確かにいる。

「後ろの人達は入れ替わり立ち替わりでメンバーチェンジしてるようです」という指摘も、今回の筑紫さん、坂口さんの見立てと一致している。もちろん、彼女ら二人と過去に類似の指摘をされた方々との間に接点はないはずだ。

二度までなら偶然と思うのだが、三度四度と同じことを言われるとなると、これを否定するのは難しい。

そうした祖先の霊は、守護霊の形でしか存在できないのかというと、必ずしもそうでもないらしい。

墓地、墓場に霊はいるのかいないのか問題、というのがある。

一つは、霊は成仏できずに彷徨っているのだから、供養されているならこの世にいないはずだ。故に、供養されているお寺の墓に幽霊はいないはず、という説。

今ひとつは、成仏、供養と無関係に、墓地に霊はいる、とする説。

理屈で言うといない説に筋が通っているようにも感じられるが、〈視える人〉の言を借りると「いや、いますよ。普通に」となる。

以下、二〇二一年の秋の取材の折に伺った、坂口さんの弁。

「あの人達、何かと宴会をしてますよ。墓石の上に座ってたり、棒立ちになってたり、あと墓石の真上に逆さまに浮いてたりします」

それらは専ら、その墓地に葬られて、供養されてきた人々であるらしい。

供養されているのでもはや荒ぶることもないのだが、だからといって何処かへ消えてしまうということもなく、誰かに供えられた酒が入って宴会になっていることもあれば、ほのぼのと茶をしばくだけの茶会もある。

墓地の新人、つまりは新盆の霊などが仲間入りすると、墓地の先住民に挨拶回りをしているのを見かけることもある、という。

「大体いつも楽しそうなんですよ」

と、坂口さんは、道すがら通り掛かった卒塔婆が突き出して見える墓地に向けてひらひら手を振った。

——どうだい姐さん、一杯やっていかないか。

そう誘われているのかもしれないが、それは僕にはとんと見えなかった。

幽霊、地縛霊、祖先の霊、守護霊、これらの他にも筑紫さん、坂口さんが〈あやかしもの〉と呼ぶものがある。

動物の霊、或いは「動物のように振る舞い、動物のようにも見えるが、動物ではない何か」の類、妖怪の類。これは、実話怪談作家、及び読者の間でも意見が割れるところで、「幽霊は信じるが妖怪は信じない」とまで断言する人も珍しくない。

実際、以前妖怪の目撃譚ばかり集めた『「極」怖い話 面妖（『妖弄記』改題復刊）』を上梓した折も、妖怪目撃譚については色々な御意見を賜った。

が、しかしながら人が介在するとは考えにくい何か、の目撃譚は実際にある。

昨年『恐怖箱 煉獄百物語』にフードコートに狸がいた話を書いた。

そういえば、あのときの狸のその後が気になって、秋の取材で確認してみたところ、

「同じフードコートの同じ席で、その後も何度か見かけてますよ。狸」

ほほう。

「毎回、何を注文してるんですかねえ」

「ミスドですね。毎回ミスド」

「ミスドですか」

狸は三匹ともドーナツを貪っていたのだそうで、坂口さんには〈人のように振る舞う狸〉が見えていた。

「あれ、私には持ち帰り用の箱まで視えたんですよ。ミスタードーナツの」

「らしいんですよ。でも私にはどうしても見えない」

筑紫さんには相変わらず見えないらしく、歯がみしていた。

動物の形を模したあやかしものはやはり狸がメジャーなのかというと、別にそればかりとは限らないらしい。

筑紫さんは、後述するお社に呼ばれた後から、時折背後に気配を感じるようになった。霊の気配のようなものには慣れているものの、その姿が分からない。

振り返ってみたところで、筑紫さんには何も見えないのである。

が、坂口さんに言わせると、「います」という。

「ええと、カワウソですね。頭に毛玉を載せたカワウソ」

あの細長い齧歯《げっし》類が、筑紫さんの背中に張り付いているらしい。

夜、寝るときには枕元で丸くなっている。

特に害為すものという訳ではないようで、災いも為さなければ安眠妨害もしてこない。

その点、猫が懐いているのと変わらないが、筑紫さんには見えない。

それが背中にぶら下がっているのだそう。

カワウソの頭に乗っかっているの毛玉のほうはというと、〈手乗りくらいのサイズ感の二本足の毛玉〉ということらしい。

カワウソの相棒のように振る舞っているが、毛玉はお社から、カワウソは浦和駅から付いてきたそうで、元々示し合わせていたということではないようだ、とのこと。

件のお社を再訪した折、カワウソの頭に乗っていた毛玉は帰っていったのだが、今度は一緒に行った坂口さんのほうに別の毛玉が付いてきた。

こちらは前に三本、後ろに一本、鳥のような指の付いた足が生えていて、体毛は鳥の羽根でなく獣のような毛並み。

これも坂口さんは毛玉と表現する。

筑紫さんのカワウソとコンビを組んでいた毛玉とは、似てはいても同一と思えない。

人ではなく動物のようでありながら、特徴をどう聞いても既存の生物と適合するものが思い浮かばないのである。

そして、やはりそこにいるだけで何もしてはこない。

その他に、人が成った霊ではなく〈人の姿を模したあやかしもの〉というのもまた、実は結構な割合で見かけるものらしい。

それが、人ではなく人の成った霊でもなく、〈人の姿を模した別もの〉というのを、いったい何処で見分けるのだろうか。

「うーん、見れば一発で分かります。それらには癖があるというか、不完全なのですぐに見破れるんです」

例えば——。

目が一つ多い。

親指が片手に二つある。

耳の位置がずれている。

人と言えば人、異形と言えば異形なのだが、必死に人を装おうとした結果、本物の人ならすぐに気付くような見落としが残る。

故に、「これは人ではない」と見抜ける。

坂口さんからは〈化けたつもりで狸のまま〉、筑紫さんからは〈そもそも見えない〉というのが先のミスド狸のケースだが、別の人からは「ドーナツを食べている人」のように見えたのかもしれない。

そして、装うのがうまいあやかしものというのもいる訳で、それは目の数も手足や指の本数も正しく、人として遜色ない姿を装う。

「でも、これは雰囲気で分かりますね。狐は男女、どちらを装っても美形になるし、狸は普通。稀に美形。でも、人じゃない、とは分かる」

人ではないものが、一生懸命人の振りをしようとして限りなく人に寄せてきたけど、その結果、頑張りが違和感として残ってしまう、というような。

結局、あやかしものとは何なのか。

霊なのか、現象なのか、概念なのかもよく分からず、存在意義も目的も分からない。宗教や信仰に照らして分類することも難しく、話を聞けば聞くほど分からなくなる。

善なるもの、悪なるもの、仇為すもの、暢気《のんき》もの。

だが、観測はされる。

背後を顧みて、自分の背中の一団はどちらのあやかしものなのかと問うてみても返答はない。

おいちとおえんの物語

ア・ラ・カルト

前作『「忌」怖い話 大祥忌』の章末で、未完のお話の一部、触りの部分のみを書いた。仮に序章として蔵出ししたものの、あのエピソードが本当に序章に当たるのかどうかは、今以て僕にも分からない。

坂口さんと筑紫さんのお二人に会う前、実際にお会いして、或いはお会いした後にも、実は継続してお話を伺い続けている。

直近の出来事であったり、今に至る以前の出来事であったり、そして説明が些か難しい進行中の出来事であったり、以前伺った話の細かいディティールの確認であったり、そういったものを重ねてお伺いしている。

実話怪談では、叶うならば時系列順に整理して頭から順番に話を繋いで再現していけるのが、ベストだと思う。信念としてそう思ってはいるのだが、このエピソード群「おいちとおえんの物語」に限っては、若干時系列が前後する可能性があることについて予めお許しをいただきたい。

それを理解しなければ辻褄が合わず、理解したことで辻褄が合ってしまうことに、恐らく動揺や違和を覚えることも起きてくるだろう。それも踏まえて、あったることとお含みいただきたい。

＊

まず、坂口さんについて、少しおさらいをしよう。

本書でも幾つか紹介しているが、坂口さんは視力――視ることに特化した能力者であると言える。

これまで多くの体験者の方々を取材してきたが、こうした能力を持つ人々の特性は実に多彩だった。

視ることに特化した者、視えないが感覚でそれを察知する者、音だけが聞こえる者、匂う者、視えも聞こえもしないが触られる者、祓える者、視えも祓えもしないのにただただ引き寄せる者、などなど。

多くの場合、それらの特性が幾つか組み合わさっていたり、どれか一つが抜きんでていたりするものらしい。「視える」と「引き寄せる」はかなりポピュラーな部類で、引き寄せるが当人はそのことに全く無自覚というのは特に多いようだ。

坂口さんは、幼い頃異形と近しく交わる暮らしを重ねた。

というより、異形と人間の区別が付かなかった。何なら、異形の友のほうが多いくらいだった。その末に、悪意ある異形を巡って〈山神様〉と縁付いた。子供ながらにして視えすぎる坂口さんの能力は、このとき山神様によって一度封じられている。

実際、その出来事の後から暫くは見なくなっていたらしい。

が、その封印は加齢とともに少しずつ緩んでいった。遅くとも中学生の頃には実家の中に棲まう書生の霊を感じとるようになっていたし、成人して高齢者養護施設の看護師という職を得てからは、病院や施設に現れる有象無象の事象を目撃し、体感している。

それは二〇二〇年夏に、東京に腰を据えた今も続いている。

筑紫さんについて。

筑紫さんは、物心付く前ははっきり見えていたらしい。

が、物心付いた頃には、何も見えない状態になった。

小学三年生くらいから、自身のそういう力に気付き始めたが、その力は再び消失。

しかし、中学生くらいから再び復活した。

聞く限りでは能力の発現と封印は幾度となく繰り返され、それには何らかの波がある。

そして中学生から、その力は少しずつ強まっていった。

『「超」怖い話 丑』に「葛饅頭から始まる怪談」という話が紹介されているが、ここに登場する「相良さん」というのは実は筑紫さんの別名である。筑紫という名も仮名でありどちらも実名ではないのだが、仮名を分けていたことに深い意味はない。

葛饅頭のエピソードは、「中学生くらいから味覚を巡る怪異に見舞われ続ける」というものだが、時期的にはこの経験を経て力が増していったようだ。

ただ、筑紫さんの場合は視覚が殊更強く封じられているようで、音、味覚や気配などの五感で感じとることが多い。

坂口さんの「視えすぎる能力」は山神様によって封印されていたことは、既に触れた。

では、筑紫さんの能力を封印したのは何者なのか？

＊

坂口さんが、まだ四国にいた二〇一九年夏頃の話。

大阪に仕事の用事があって出かけたついでに、当時付き合っていた彼氏とのデート旅行で京都まで足を伸ばした。

古刹名刹、見どころの多い古都をどう巡ろうかと考えるうち、ふと思い立った。

「せっかく車出してくれたし、ちょっと行きたいところがあるんだけど、いいかな」

彼氏には彼氏のデートプランもあったのだろうが、いいよ、と気易く応じてくれた。

京都は比叡山を始めとする山々に囲まれた盆地にある。

とはいえ、その範囲は思いのほか広い。

京都御所、二条城、金閣寺、下鴨神社などは京都の北側に、桂離宮、三十三間堂は概ね中心部、そして伏見稲荷はやや南東側。集中しているとはいえ、京都と呼ばれる地域のあちこちにそれらの古刹名刹は散在している。

坂口さんが思い立った場所は、それら京都の中心地からはやや外れる場所にあった。

京都市からは完全に離れ、宇治市内に入る。見当で言うと萬福寺の先辺りである。

そこに、龍神に因んだ神社があった。

どうにか足を運んでみると、そこは戦後になってから創立された比較的新しい神社である、と分かった。千年かそれ以上の長い伝統を売りにする京都の古刹とは趣が違うが、京都旅行の折、並み居る古刹を置いて何故そこに惹かれたのかが自分にもよく分からない。

大鳥居の前で頭を下げる。

そして大鳥居を抜け、手水舎で指を湿して参道へ進む。

拝殿までの距離は短い。

拝殿で二礼二拍して頭を下げる。が、どうもおかしい。

呼ばれてここまで惹かれてきた。

にも拘らず、歓迎されていない。

境内、その周囲から頻りに見られている。

自分が好奇の視線に晒されている。

それも、一人や二人ではない。大勢に見つめられている。

周囲にも疎《まば》らながらに人はいたが、一介の観光客に過ぎない坂口さん達を気に留める者はいない。

宮司や巫女でもない。

誰からも見られていないのに、確かに見られている。

と、その視線は、正確には自分に向けられているのではないことにも気付いた。

一緒に並び立っているから自分に向けられているように思い込んでいたが、好奇の視線に晒されているのは自分ではなく、同行者である彼氏だ。

その彼氏に向けられた視線の抱く感情は拒絶。

一言で言うなら「帰れ」という明確な忌避である。

そういえば、彼氏は大鳥居の前で一礼していなかった。

手水舎を見向きもしなかった。

本殿の前では棒立ちで、二礼二拍一礼の拝礼作法も何もしない。

これはあまりにも失礼である。

〈おまえ（坂口さん）を呼んだが、連れてくるべきはその男ではない〉

そう訴えられている。

誰を連れてくるべきなのかについては、指示がない。

〈——近くにおるんやろ？〉

この後、彼氏は程なく「元彼」になった。

神社での欠礼に厭気が差した、と坂口さんは言っていた。

が、別の見方もできる。

連れてくるべきではない男、坂口さんには不要な男。気に入らないから遠ざけたい。だから、元彼は坂口さんが厭うように振る舞わされ「別れさせられた」「別れさせるために、そうさせられた」のでは？

いや、これは邪推に過ぎるか。

＊

坂口さんは視覚に特化した能力者であり、また同時にその存在は他者に執着されやすい。

これまでにも何度か言及してきているが、「取り憑かれる」のは日常茶飯であるという。

祓い落とす力がある訳ではないから、その都度、周囲の助けを借りている、とも。

そして能力者、霊能者、霊感者は、多くの場合その力のことを隠す傾向がある。

これは、正気の社会人として暮らしていくための自衛の知恵である。大抵の人は幽霊など見えないし、人ならぬものと言葉を交わすこともない。自分に見えないものと交流する他人の存在を受け入れることはないし、そうした力を宿すと申告する者がいれば、それを強く排斥する。

見えないものが視えるなんて、気味が悪いじゃないか。

見えないものが視えるなんて、それは狂言ではないのか。

騙そうとしているのでは？

正気を失っているのでは？

通常、人はこう考える。他者と自分には共通点があるはずで、経験や常識がかけ離れすぎると人はそれを忌避して遠ざけようとする。

単に「違い」として避けるだけでなく、「自分より明確に劣る、自分とは異質なもの」という烙印を押して、コミュニティから追放しようとする。足蹴にしようとする。

人として信頼に価する人格者であってすら、特定の話題に限って狂気のように激しく嫌悪や拒絶を示すことがある。

この〈視える、聞こえる、分かる〉という能力について、特に忌避感情は手酷く働く。

故に、人前で軽々に話題にしない。

見えていても見えない振りをするのは、異形やあやかしものにこちらの能力を気付かれないためだけでなく、人の世から放り出されないためでもある。

それが見えていることを口走れば、家族や友人や同僚の自分を見る目が豹変することだってある。理解がある者ばかりではなく、理解ある無能力者は寧ろ少数派だ。

故に、坂口さんのその力について知っているのは、ごく親しい人々に限られる。或いは、「その分野について一定以上の理解がある」と目された場合のみ。

見えて困る、憑かれて困る、その後に続く〈どうにかならないか〉に応じられる人となれば、能力者同士でも稀少である。

そして、その分野について理解がある人同士でなければ、相談もままならない。

頭から信じても受け入れてもくれない人に、霊的相談は成り立たないからだ。故に、稀有な同類同士の関係性は一層強くなる。

坂口さんと筑紫さんの関係は、SNSで知り合って意気投合してから十数年に及ぶ。若干歳上の筑紫さんを坂口さんは「お姉様」と呼ぶが、実の姉妹かと思わせられるほどに二人は仲が良い。坂口さんが四国にいた頃から、概ねこんな間柄だった。

お互い、そういうことに通じていることも作用しているのだろう。

＊

二〇二〇年晩秋頃の話。

夏に上京した坂口さんは、筑紫さん宅に間借りして東京で新しい職場に根を下ろした。

東京暮らしにも次第に慣れ始めた頃、所用があって筑紫さんと二人、渋谷まで出かけた、その帰りの電車でのこと。

午後の車内は空いていて、二人並んでシートに座った。

電車に揺られるうち、二人はそれに気付いた。

筑紫さんは車内に気配を感じた。

坂口さんには「尋常ならざる異形」として映る。

坂口さんの言う異形は必ずしも人の形を取るとは限らず、人の思考を持つとも限らない。

精緻な意志を持つ者もいれば、感情だけがあるもの、それすらもなく漂うだけのものまで様々である。

憎悪をべったりと突きつけられるのは厭だし、一方的な好意で寄りつかれることも嬉しくはない。

然りとて、どういう意図があるのか分からないまま執着されるのも気分が悪い。

嫌悪の情を示したところで、それを汲んでくれる訳ではないから尚悪い。

異形は近付いてきた。

筑紫さんは、坂口さんの腕に何か気味の悪さを感じたが、このときはそれ以上のことは分からなかった。

目を逸らし、気付かぬ風を装い、坂口さんと筑紫さんは何事もないかのように振る舞う。

何事もない風に装うからと言って、何事もない訳ではない。

熱い。そして痛い。

坂口さんは朦朧としていた。

坂口さんの傍にいつも寄り添う〈彼〉――四国の実家から憑いてきた書生の霊――は、このときもごく至近にいた。

〈彼〉が疎ましいのか、異形はそれ以上は近付いてこない。

電車を降り、自宅の最寄り駅に降り立つ。

異形は付いてきた。

書生の〈彼〉がいるより近くまでは寄ってこないが、付かず離れず後を付いてくる。

二人の自宅に着いた後、異形は何者かに〈食い尽くされて〉消えた。

消える間際、異形は何かを訴えていたようにも思われたが、意識の混濁もあって記憶には残らなかった。

坂口さんにだけでなく、筑紫さんにも同様のことが起こり得た。

今後もそれは続くかもしれない。

御守りを持てばいいのか、何かで打ち祓えばいいのか、何処かに頼りにいくか、などな
ど考えつくのはちょっと怪談に詳しい無能力者と、そう大きく変わる訳ではない。

異形の正体をあれやこれやと詮索しても、答え合わせは難しいからだ。

＊

そんな折、坂口さんの前に義姉が現れた。

これは二〇二〇年十二月の頃である。

怪異とは無関係な理由から委細の事情には触れないが、坂口さんは実家と余り折り合い

がよくない。

結果、半ば出奔するような形で郷里を捨てた。

この辺りは『「忌」怖い話 大祥忌』収載の「今際の君」でも触れたところだが、家族とは絶縁状態にある。言うなれば、実の家族から逃げている状態である。

もちろん、ここへ至るまでの経緯や現在の居場所の一切を絶縁した実家には知らせていない。当然、義姉にも伝えてなどいない。

その義姉が現れた。

街中で。

職場のエントランスで。

間借りしている筑紫さんの家の前で。

そして家の中で。

いるはずのない、或いは、いてはならない場所に現れる。

まさか、そんな。いったいどうやって。

当初ストーカーを疑った。

郷里へ問い合わせようかとも思ったが、今は口も利きたくない。この問い合わせを元に居所について探りを入れられるなどしたら、出奔が元も子もなくなる。

悩むうち、ストーカーの疑いは晴れた。

あり得ない場所に現れ、視界から消えるようになったからだ。

生霊、であろう。

万策尽きた。そう観念しかけたとき、のこと。託宣があった。

〈こい〉

こい、来い。ニュアンスとしては、あの京都の社のときの感覚に近い。

呼ばれている。

坂口さんは、呼び出しが自分に向けられていると感じた。

が、何処へ来いというのか。

半ば狼狽えてお伺いを立てると、〈埼玉に来い〉と甚《いた》く具体的な地名が挙がった。

坂口さんが間借りする筑紫さんの自宅、坂口さんの職場ともに埼玉からはだいぶ遠いし、
土地勘が全くない。

〈こい〉

が、呼ばれている。行かずばならず、行かねばずっと呼ばれ続ける。

「お姉様、一緒に来てくれる?」

奉納すべくお供え物を携え、二人は呼ばれるがままに向かった。

行き先について、明確な指示はない。

二人は電車を乗りついで北へ向かう。

途中、埼玉県のＪＲ浦和駅で「ここだ」と電車を降りた。

初めての街に戸惑う。何しろ、さして見どころなどない普通の住宅街である。

入り組んだ宅地を通る、地元民しか使いそうにない一方通行の小径《こみち》を歩く。

戸建て連なる宅地を抜け、墓地の前を通り、漸く行き着いたのは巨木聳《そび》える小さな一角である。

そこが終点であった。

ごく小さな鳥居と、細長い参道。そして突き当たりにはこれもまた小さな本殿とそれに連なる拝殿がある。

が、神職が常駐している気配もない。

鳥居を見上げたとき、坂口さんは「あっ」と小さく驚いた。

そこに飾られた古びた額に「山神」の二文字があった。
幼き日、あの山中で出会った主様、名を何と言ったか。
教えられた名は確かにあったが、それは口にしてはならない、とも。
故に、確かこう呼んだ。
やまがみさま、と。
なるほど。山神様の招きであったか。
筑紫さんは、立ち尽くす坂口さんに言葉を掛けた。
「……ここで合ってる？」
「たぶん。じゃあ、御挨拶してきます」
この日、赤不浄であった筑紫さんは、敷地の外で待つことにした。
坂口さんは供え物を携え、鳥居を潜った。
境内には、巨木が幾つか並んでいる。
まず、鳥居を挟んで左右に仁王像のように立つ門番の巨木。
直径二メートル以上、高さは十数メートルにも及ぶ。
鳥居から本殿までの間に、また数本。

クスノキ、ケヤキ、シイ、だろうか。

本殿の左右、よく見ると本殿の奥にもある。

堂々たる御神木と言ってしまうとあまりにも簡単すぎるのだが、恐らくは社の本殿より、この巨木群のほうが古いのではないかと思われた。

日本の古い信仰の形に、岩座《いわくら》信仰、神籬《ひもろぎ》信仰、というものがある。古神道では自然物に神が宿るとし、大きな岩や大木を神が宿る依り代と考えた。神社に御神木とされる古巨木が多く見られるのはこの信仰の名残とされる。諏訪大社の御柱祭のように、神籬となる御神木——御柱を聖なる山から切り出して運び、宮の四方に建てるという古い神事もある。

このように、日本の古信仰に於いて「巨木、御神木」は並々ならぬ意味を持つ。

そこいらにある児童公園より尚狭い窮屈な境内にそんな巨木が林立する様に、異様さと神聖さの共存を見たような気がする。

そして、坂口さんは本殿に供物を備え、拍手を打った——。

鳥居の外で待機していた筑紫さんは、妹分の身の上に何が起きるのかと固唾を呑んで見守っていた。

が、坂口さんはものの五分もしないうちに境内から出てきた。

「もう終わり？　何だか呆気ないね」

「えっ？　そんなはずは」

促されて自分の時計を見た坂口さんは、酷く驚いている。

彼女の体感では、十五分近く本殿の前にいた、らしい。

五分なんて短い時間のはずがない、と食い下がる。

「それで、どうなったの？」

「山神様がいた、と思う」

何が起きていたのかを、坂口さんは今もうまく説明できない。

「ゴーッてなって、ブワッとして、ドーンってなった」

およそ要領を得ない説明だが、そこで起きたことは要するにこうだ。

そこには山神様が、あの大阪の山中で縁付いた神様が坐《ましま》した。

山神様が力を揮い、義姉の生霊を打ち祓った。

〈もう、大丈夫〉

実家から追い縋ってくる義姉の妄執との縁は、ここで断ち切られた。

そして以後、義姉の生霊が現れなくなった。

代わりに、山神様が憑いてきた。

あったることは、至極シンプルだ。

＊

山神《やまがみ》社から出てきた坂口さんは、何処か晴れ晴れとした表情をしていた。

憑き物が落ちた、腑に落ちた、ストンと落ちた——どれがしっくりくるのかは分からないが、懸念が一つ片付いた、それが一番近そうではある。

生霊を巡る問題は片が付き、山神様への御挨拶も済んだ。

この神社は閑静な住宅地の只中にある。神社としてはだいぶ寂れてしまっているようで、周囲に門前町や休憩所などもない。だが、境内が丁寧に清掃され、清浄に保たれていることから、地元の人々に大切にされている場所であることは見て取れた。

ともあれ、用が済んだ後にゆっくりできる場所もないので、二人は駅へ向かって、来た道を戻り始めた。

その道すがら坂口さんが筑紫さんに訊ねる。

「お姉様、龍神様のお宮行ったことあります？」

スマホでとある神社のサイトを見せた。

「一年くらい前かな。元彼と京都に行ったとき、お詣りしたんですよ。ここ」

昨今、名所旧跡に限らず寺社がＷｅｂページを公開しているのは、特段珍しいことではない。社の写真であるとか、祭神・縁起の紹介、果ては参拝や祈祷の予約受付フォームまであったりもする。最寄り駅からのルートガイドや駐車場案内などなど、氏子や参拝客が廃れがちな現代の寺社は、何処も観光客の招致が避けられず、何とも商魂たくましい。

つまりは、寺や神社のガイドや釣り書きページなど、何処にでもあるものだ。

しかしながら、そのページを見せられたとき、どうにも心がざわついた。

場所は京都。

関東出身関東在住の筑紫さんには、これと言って縁も所縁もない。

にも拘らず、何処か郷愁のようなものを感じる。それも「来たことがある」「行ったことがある」のではなく、「い、た、ことがある」ような。

決まりがある訳ではないのだろうが、国内にある神社の形は大抵似通っている。

まず、鳥居。楼門を潜り、手水舎。社務所前の参道を通って、狛犬に護られた拝殿。拝殿の先には、中央に主祭神を祀る本殿。左右に眷属神や付帯神、縁故神の摂社・末社が並ぶ。

建物の配置は、その社の縁起によって多少変わってくることもあるのだろうが、日本全国何処に行っても概ねこんな構造だ。

故に、自分の記憶の中にある別の神社のそれと照らして、見覚えを感じてしまうということは起こり得る。

だが、これはどうにも違う。

自分が〈そういうものたち〉に遭遇することが多いと意識するようになってから、説明のし難い何かに襲われたり、或いは強く惹かれる経験が増えた。

その社について湧き上がる郷愁のような感情は、筑紫さんにその方面との関連を感じさせた。

「ううん、知らない。知らないんだけど……なんだろう。これ。凄く懐かしい気がする」

——と。

脳内に声が響いた。

〈――やっと気付きはったん？〉

＊

突然だが、実話怪談は〈あったること〉を書く。

僕のポリシーであり、これまでそうしてきた。

同時に、実話怪談は科学ではない。これは「怪談は眉唾だ」ということではない。

科学というのは「誰が試しても同じ結果が得られる再現性がある」ということであって、環境による、人による、何か検証しきれない未知の要素があるならば、それは科学の域にまだ届いていない。

実話怪談は、検証困難な経験・体験を扱う。

多くの場合、それらの稀有な経験は一度しか起きず、最小観測者数「一」。運が良ければ二人、三人以上が同時に或いは「同じ場所で同じ経験を」というようなケースもあるが、圧倒的に多いのはたった一人の体験である。

そしてそれは、別の誰かが同じ時間に同じ場所で同じように振る舞ったとしても、同じようには再現されないことが殆どだ。

それでも観測者——体験者によって語られた話は、あったることとして受け止めるより他にない。そのように受け止めることから、聞き書きとしての実話怪談は始まるからだ。

故に、この物語もまた、対面の取材に応じていただいた実在する体験者による、あったる話として受け止めていただきたい。


古《いにしえ》の話をしよう。

恐らく、これは近畿の何処かだろうと思う。

貧しいのが当たり前の時代、子を亡くす親、親を知らぬ子が珍しくも何ともなかった頃のことだという。

社会が子を、民を護る義務も責任も負わないと、人の暮らしは獣に近くなる。

まして、親に捨てられたか、親を亡くしたか、それすら分からない年頃で世に置き去りにされてしまった子供となれば、それはもう獣とさして変わらない。親の愛情も薫陶もなく、世の仕組みどころか言葉も自分の名前すら知らない、そういう子供。

似たような境遇の子供は掃いて捨てるほどいて、そしてそれらの多くは掃き捨てられるまでもなく、人知れず野垂れ死んでいただろうと思われる。

その中に、運良く野垂れ死にを免れた浮浪児がいた。

山中の巨木の洞に、その浮浪児はいた。

襤褸《ぼろ》を纏い、言葉も解さず、自分が何者かもよく理解できていない。

気付いたら一人きりだったというその浮浪児を、巫女が見つけた。

「ほんなら、連れて帰ったらよろしおす」

お姫《ひぃ》様に促され、巫女は浮浪児を社に連れ帰った。

巫女の名は〈おいち〉。

おいちの仕事は、そのお姫様の世話であった。

お姫様は歳の頃、五歳くらい。紅の着物を纏った女童である。

おいちは、御先《ミサキ》共々、お姫様に仕えていたようだ。

御先は個人の名ではなく官職、或いは何らかの役職と思われた。

お姫様は、寄る辺のない浮浪児を甚く気に入ったようで、友のように振る舞うことを許した。

浮浪児に名はなかった。

「名がないのは不便やろ」

お姫様は、浮浪児に名前を与えた。与えられた名を〈おえん〉と言った。

おえんに、言葉、文字、人としての生き方を教えたのが御先で、面倒を看てくれたのがおいち。

おいちと、おえんと、お姫様はそうして出会い、過ごした。

――これはずっと封じられてきた記憶である。

それは前世の出来事である。

筑紫さんの中の隠された記憶である。

坂口さんの中の伏せられた記憶である。

お姫様に仕えていた巫女、おいち。これは筑紫さん。

拾われた浮浪児、おえん。これが坂口さん。

封印を解かれた記憶の奔流が、二人の中に欠けていた存在を呼び起こしていく。

お姫様。

あの方は、ヒトではなかった。

女童の姿を採ってこそいたが、御先が、巫女が仕えていた主は――龍神。

筑紫さんは龍神様の巫女。

坂口さんは龍神様の友。

――で、あった。

＊

ここにきて、これまでの様々な事象が腑に落ちていく。

龍神様は〈おいち〉を探し続けていた。

そして漸く見つけたものの、それはまだ幼子だった。

筑紫さんは、物心付く前「視えすぎる子供」であったらしい。物心付く前だから当人に記憶はないのだろうが、家族の観測から類推するに「癇の強い子」であったのだろう。

物心が付く頃にはその力が封印されている。

封印を施したのは龍神様であった。

理由はというと、それは幼子には過ぎたる力だから。身に余る力は碌なことにならないから、と。

視えれば異形に気付く。

異形に気付いてしまえば、異形は寄ってくる。

御先がそうであったように、それらをあしらうことができるならばよい。

しかし、年端もいかない子供にそれを担わせる訳にはいかない。

〈だから封じた〉

と、そういうことだったようだ。

封じた結果、筑紫さんから「そういうものを視る力」が失われた。

それは龍神様も適用内である。

筑紫さんは「視る力」が比較的弱い能力者である、とこれまで繰り返してきたが、これは視る力が封じられたことの影響なのだろう。

龍神様は幼い筑紫さんの成長を恐らくは見守ろうとしていたはずだ。

が、それが途切れている。

筑紫さんは、小学生の頃に家族共々引っ越しを経験している。

この引っ越しを機に、龍神様は筑紫さんを見失ったらしい。力を封じてしまったことで筑紫さんからは龍神様が見えず、力がごく弱められていたことで龍神様からも見えなくなったことが災いした。

龍神様の〈圏外〉に出てしまったことと筑紫さん自身の成長。

そのどちらの影響が大きかったのかは分からないが、小学校高学年くらいの頃には筑紫さんの持つ力が復活し始めた。

それを辿った龍神様は、再び筑紫さんを見つけることができたのだが、筑紫さんの〈視る力〉は封印されたままだったので、龍神様に気付けない状態が続いた。

それを解くために、助力を必要とした。

坂口さんに生まれ変わっていた〈おえん〉を京都に呼んだのは、そのためだった——と。

坂口さんは、幼い頃に大阪の山中で山神様と縁付いていたので、形としては山神様の助力を得て、筑紫さんに気付きを与えた。

つまりは、こういうことだった。

＊

二〇二一年二月十一日。

前年十二月にお二人が初めて山神社を訪れてから、二カ月と少し過ぎた頃のこと。

一連の出来事について、僕がコンタクトを受けたのはこの頃である。

筑紫さんには、以前から体験談をお寄せいただいていたのだが、このときは確か長文のメッセージでお知らせいただいた。

「何処から話せばいいか分からないのです」

出来事について、幾つか添えられてはいた。

だが、起きていることが殊の外、分かりにくかった。

エピソードが断片的であること、長大であること、それでいて全体像が掴みにくい。

経験から言えば、こうした要点を整理しきれないでいる体験談というのは、然程誰かに語られていない話であることが多い。

体験談はそれが短いほど他者に語りやすい。また語りやすい体験は繰り返し語り直されるため、文脈や要点が整理されていく。怪談著者でなく、体験者当人の語る話、まとめる話でもそれは起きてくる。

故に、「要領を得ない、とっ散らかった記憶の断片状態の話」は著者にとって書き起こす難易度は高くなるが、その稀少性は整理が行き届いた話よりも寧ろ高い。

そして、こうも添えられていた。

「この御時世難しいとは思いますが、何処かで会ってお話できないでしょうか」

二〇二一年初頭はというと、年末年始の休暇を挟んで広がったコロナ禍の流行第三波の只中であった。二度目の緊急事態宣言が出されていた頃だ。

当時の東京都内は、移動制限や飲食店の営業時間制限、リモートワークなどが広まり、外出して人に会うことそのものが極めて抑制されていた。加えて、毎年二月は僕自身の繁忙期でもあって、身動きが取れなかった。

「では、緊急事態宣言が明ける三月でいかがでしょう」

とお願いし、それで了承を取り付けた。

筑紫さんに起きている進行中の出来事が何であったのか、この時点の僕にはまだ想像も付かなかった。

＊

前年十二月に龍神様からのコンタクトに気付いた後の筑紫さんが、どういう状態にあったのかについて。

この頃、龍神様は筑紫さんの身体を借りて〈降りて〉くるようになっていた。

視力はまだまだではあるのだろうが、それ以外の五感は回復しつつあり、龍神様が降りる器としても十分に足るようになってきた、ということだろう。

怪談に馴染んだ人間に通じるような表現をするならば、〈神が憑いている〉状態である。霊が憑く、怨霊が憑く、狐が憑く。そういう喩えや、実際にそうなっている状況下で起きた体験談や報告例はこれまでにも何例か出会ってきた。

神仏との関わりを巡る実話怪談というのは、実のところ然程珍しい訳でもない。それらは、神具に纏わる、神社に纏わる、聖域や禁域に纏わる、というものが多いように思う。

また、神を偽る何かとの攻防に至る話というのも、過去にあることはあった。

禍福で言えば、神が関わる怪談は「姿を見せない神の恩恵に纏わる話」か、でなければ「神域を侵して障る話」などである。

しかし、〈神そのものが憑いた〉という話は稀有である。

というか、僕も殆ど記憶にない。

筑紫さんの封印が解けた後、龍神様は彼女に〈憑いた〉、或いは〈好きなときに好きなように降りてくる〉ような状態にあるらしい。

基本、同行している、傍らに常にいるという形にあるようだ。

傍目には複数の人格が一人の身体に共存しているようにも見えるかもしれないが、そうではないのだ、という。

筑紫さんと坂口さん、この二人の体験と能力がリンクしていることを、二重人格では説明できない。

もし、僕が筑紫さんだけ、或いは坂口さんだけ、どちらか一方としかコンタクトを採っておらず、また直接対面してお会いすることがないままだったら、一連の出来事について確信を得る自信は持てなかったかもしれない。

坂口さんが筑紫さんの、或いはその逆のイマジナリーフレンドを疑われる可能性もあっただろう。

しかし、二人はそれぞれに実在し、それぞれに体験し、そしてそれぞれに神と縁付いており、それを宿している。

常在する神と対話していて、それらと意志疎通ができている、と言う。
これを実話怪談の範疇《はんちゅう》で、どう語ればいいのか。

二〇二一年二月十七日。
この日、龍神様は頻りに求め訴えた。
〈つれていけ〉
声がというか、意志がというか、強く求め訴えるそれは、筑紫さんの脳に直接響く。
耳に聞こえるのではない。それが故に、耳を塞いでも関係ない。
龍神様は容赦なくせがむ。
山神様のところに連れていけ、どうしても行きたいのだ、と。
山神様の居所とは、昨年末に訪れたあの浦和の山神社のことだ。
それも、筑紫さんと坂口さん、二人で行かねばならないらしい。
世は長引くコロナ禍第三波の最中である。
移動は控えるべきなのだろうが、重々気を付けていけば或いは。
それに、かの山神社は人の混み合う場所ではない。というより、ほぼ誰も来ない社である。滞留することになっても多少は問題はなかろう。

二人は覚悟を決めて家を出た。

前回は筑紫さんが赤不浄であったが、この日は逆に坂口さんが赤不浄であったという。

結果、此度も二人で出向いているにも拘らず、揃って本殿に向かうことは二度目の来訪でも叶わなかった。これは偶発なのか、意味があることなのかは分からない。

鳥居の外で一礼した筑紫さんは、坂口さんを鳥居の外に残して境内に足を踏み入れた。

＊

そこで起きたことを、どう描写したものか悩ましい。

が、強いて形に遺すとするなら、経緯はこうだ。

以前、坂口さんを京都に呼んだのは恐らく龍神様であろう。

坂口さんは山神様の眷属になる身として加護を受けているはずだが、京都の言伝《ことづて》以来、坂口さんの身に異形・あやかしものに絡んだ面倒が起きると、龍神様がそれに対処していたのだ、という。

他方、筑紫さんは龍神様の加護を受ける身となるはずが、封じられた力が十分に復活しないが故に、龍神様を常に伴うには至らないでいた。その間は、坂口さんに伴っている山神様が筑紫さんの身に起こる出来事について、手を貸してくれていた、らしい。

言われてみれば、厄介事には何度も巻き込まれている。怖い思いもした。

間一髪に思えるようなこともあった。

しかしそれらの多くは、大事に至らずに終息している。呆気なく終わりすぎて、肩すかしと思えることすらある。

例えば、『鬼怪談 現代実話異録』で触れた「栞《しおり》」を巡る事件の結末。

例えば、『「忌」怖い話 大祥忌』で触れた「誰も寝てはならぬ」もそうかもしれない。

「今際の君」の〈書生の彼〉についても、何某かの関係があるのかも。

つい先日あった坂口さんの義姉の生霊についてなど、正にそれだ。

それらが二柱の恩恵だとするならば、確かに辻褄は合う。

龍神様と山神様。

この二柱は、どうやら互いの巫女について協力関係を結ぶことに決めたようだ。

神々の盟約と言っていいやり取りは、立ち会う筑紫さんの意見は特に求められることなく粛々と、或いは頭ごなしに進んでいったらしい。

二柱の対話は実際にはもっと複雑な、もう少し込み入ったものであった。

話し合いは、たっぷり時間を掛けて行われ、漸く〈それでよかろう〉と結着した。

以後、そのようにせよ。

そういう結論と相成り、神降ろしと盟約の儀は終わった。

巫女は——筑紫さんは社から出された。


坂口さんは筑紫さんの戻りを鳥居の外でずっと待っていてくれたようだ。

「ごめん、寒くなかった？」

筑紫さんの体感時間で、ざっくり三十分近くに及ぶ長丁場である。二月の陽気を考えれば、坂口さんをそれほど長く路上に待たせてしまったのは申し訳なかった。

ところが坂口さんは首を捻る。

「そんなに待ってないよ。ええと……お姉様が境内に入って、十分、十五分そのくらい」

またた。

この山神社の境内は、時間の進みがおかしい。

人を拒む場ではない。

清浄な場である。

どうも、本来は別の神様の社であったらしい。

が、元の家主――本来の〈山神〉は、今はもういないのだという。

その元々の〈山神〉とだけされていた神の由来はよく分かっていない。

記録がないのである。

後日、取材のため実際に現地に赴いたところ、羽の付いた団扇のような紋を見かけた。

山神社になったからこの紋が付いたのかとも思ったが、山の神と言えば確かに天狗に通じるものがある。

しかし長らく無主であったとは思えないくらいには、この社の境内は地元の人々に拝まれて清浄な空気に満ちている。

氏子たる人々は、この社に何が祀られているのかもよく知らないまま祈りを捧げてきた、ということになる。

ささやかながら祈りはあり、畏敬を集めている。

それ故に、坂口さんを守護するほうの山神様が分霊を置き、関東での根城として居着いた、ということのようだ。

そういう場なれば、時の巡りが少々歪んでいることくらい、折り込んで受け止めるしかない、ということか。

＊

神々のプロフィールに関する下りを、坂口さん、筑紫さんは如何にして知り得たか、という話をここで補足する必要がある。

一連の神様憑き、神降ろしやら、異形の襲来やらは、〈視える能力者〉として長年様々な経験を重ねてきた坂口さんにとっても並々ならぬ出来事であった。

筑紫さんという輩《ともがら》が理解者として、そして同じ境遇として深い縁故を結んでいた――ということが、二人の精神を僅かなりとも安定させた。

東京での暮らしが漸く落ち着いてきた頃、坂口さんは地元の友人に近況報告を兼ねて連絡を取った。

坂口さんの能力や事情について、今置かれている事情を汲んでくれて、そしてそれが突飛なことに思えても疑わないでくれる理解ある友人がいる。

七つも歳が離れているが、坂口さんが小学生の頃から付き合いのある女性である。

今は、地元・香川でも有名な占い師として身を立てている。タロットや占星術も扱うが、それだけでは説明できないほどに、精緻に言い当てる。

その友人が、坂口さんに言う。

「あなたも最近、神様に縁付いたでしょう？」

友人もまた、同様だという。

占いでは、自身に憑いている神様にお伺いを立て、力を借りることもあるらしい。

山神様については、この友人が教えてくれた。

曰く、浦和の山神社に本来は別の〈山神〉がいた、ということ。

そして、便宜上〈山神様〉と呼んでいる、坂口さんに縁付いた神の正体について。

かの神は、奈良の本社に祀られている、とある国津神である、ということ。

浦和の山神社に在ったのは、その国津神の分霊であろうということ。

ここで〈山神様〉と呼んできた神だが、本来の名前は別にある。

あるが、それをここで明かすことは許されていないので、今後も〈山神様〉とのみ記す。

そして、友人は付け加えた。

「神様憑きは惹かれ合うのよ。うちもそうだから」

聞けば、友人の幼馴染みでもある御主人もまた神様憑きなのだそうだ。

夫婦だから神様が惹かれ合うのか、惹かれ合う神様が憑いているから夫婦として惹かれ合ったのか、そのどちらなのかは不明だが、惹かれ合うしまた呼び合うものだと言われれば得心するより他にない。

どうやら神様憑きの近くに別の神様憑きがいることは、特段珍しいことではないらしい。

「だから、あなたの近くに別の神様憑きがいたとしても、それはごく自然なこと」

それを教えてくれたのは、友人夫婦に憑いている二柱の神々であるという。

東京における坂口さんの住まいは、筑紫さんとその旦那さんの家への間借りである。

三人暮らしの家に、二人も神様憑きがいるなど、神様密度が高すぎはしまいか。

そんなことを思った。

*

とある朝のこと。

この日、坂口さんと筑紫さんは二人連れ立って遊びにいくことになっていた。

行き先は自由が丘。ちょっとお洒落な街である。

自前のアクセサリー幾つかを前に、筑紫さんはどれを着けていこうかと目移りしていたところ、とあるネックレスがとても気になってきた。

筑紫さんが、というより、龍神様がそれを気にしている。

盛んに〈それ〉〈とれ〉〈つけよ〉と促す。

「それほどお奨めでしたら、今日はこれを」

と、素直に従った。

一日楽しく過ごして、そろそろ帰ろうかという時間になった。

自由が丘駅前のバス停に向かう途中、坂口さんが「うわ」と声を上げた。

「何、あの人」

坂口さんが、眉根を寄せている。

何ぞ変わった人でもいたのだろうかと辺りを見回すが、筑紫さんが見る限り駅前には小洒落た人々が闊歩《かっぽ》するばかりである。

「誰のこと？」

坂口さんは、ある方向を見ないように顔を伏せている。

「そこに……今、通り過ぎた人」

すれ違った？　誰と？

坂口さんが声を上げてから今この瞬間まで、変わった人どころか誰ともすれ違っていないはずだ。

「お姉様、見えなかった？」

「いや、全然」

「今、凄い男の人いたんだよ。胸の前のところ、血だらけだった」

刺傷、銃創、擦過傷、裂傷、挫傷、どういう傷を負っていたのかまでは確認できなかったようだが、現役看護師が「凄い」というほど酷い状態の傷を負わなければ、それほど血まみれにはなるまい。

だが、そんな人はいなかった。

筑紫さんが見落としていただけかもしれないが、それほど目立つ人がいたなら今頃は誰もが遠巻きにスマホを向けているはずだ。

しかし、周囲にそんな素振りをする人は一人としていない。

ならば、これは坂口さんの〈いつもの〉か。


駅を始発とするバスはガラ空きだった。

座席に座って出発を待っているとき、坂口さんが筑紫さんの袖を引いた。

「お姉様、あの人。さっきの、血みどろの人が来てる」

坂口さんの言う通りなら、先程自分達がバス停に向かう折にすれ違い、逆方向に向かっていったはずである。それが、このバスに乗り込んできている。

「えっ、何処？」

と振り向いた筑紫さんの視界に、それはいた。

どろどろしていた。

ヘドロの塊。

黒い粘りけのある何かが蠢《うごめ》いている。人の形をしているようにはまるで見えない。

あれは〈悪意〉が実体化したものだと言われたら、思わず〈それだ！〉とその解釈に飛びつきたくなる。

筑紫さんは、視る能力が制限を受けた能力者である。

これまでだって、姿を捉えることができたのは〈よほどのもの〉に限られてきた。

それは、生きている人間とは思えない。

今、そんな視え方をしているものが、〈よほどのもの〉でないはずがない。

こんなときしなければならないのは——そうだ。

こちらが視えていることを、相手に気付かれないようにする。これだ。

筑紫さんは、坂口さんの膝を見つめた。それを直視せず……いや、直視できないことを悟られないよう、震えに耐えるしかなかった。

坂口さんはそれを、〈男だ〉と言う。

「胸の辺りがとにかく真っ赤」「頬に傷がある」

風体について教えてくれるが、今は全身を包む異様な寒さが辛くて仕方がない。

他の乗客や、バスの乗務員に変化はない。

気付いていないのか、見えないのか、ヘドロの塊――血まみれの男を気にする様子は一切なかった。

男は車内を見回している。何かを探している様子だ、と坂口さんはいう。

「御乗車ありがとうございます。発車します」

バスは走り出した。

男は乗り込んだままだ。

次第に男の纏う悪意にバスの車内が満たされていくようにすら感じられる。

この状態に、とても耐えられなかった。

この一身に悪意を纏う男を自宅にまで招き入れてしまうことになるのも恐ろしかった。

バスが出てすぐ、坂口さんは降車ボタンを押した。

素知らぬ顔をして、何にも気付かず何も見えない一般人のような素振りで、体調を崩した人を気遣うような振りをして、二人は次の停留所でバスを降りた。

二人を下ろしたバスは、悪意を纏う男を乗せたまま発車した。

男が、降りた二人に気付く様子は見受けられなかった。

だから、あの男が何だったのか、これ以上詮索することはできないままだ。

できたとしても、したくない。


筑紫さんの負ったダメージは、最小で済んだ。

出がけに龍神様が〈つけよ〉と奨めてくれたものは、一種の結界――あやかし除けのようなものだったらしい。

男の残滓《ざんし》が僅かにあったが、それは龍神様が祓ってくれた。

そして、〈みるな〉と戒められた。

その後また暫く、筑紫さんの〈視る力〉は制限を受けた、とのこと。

＊

こんな具合で筑紫さんと坂口さんの日常は、今尚、龍神様、山神様それぞれの加護を受け続けているのだが、取材メモを整理していて気付いたことがあった。

これまで伺った限りでは、異形やあやかしものに絡むアクシデントがあったときの二人の対応は、幾つかに分類できる。

一つには、「気付いても気付かない振りをする」。これは彼女ら二人に限らない。過去に取材してきた体験者のうち、視る力に秀でた能力者の方々は、大抵異口同音に近いことを言っていた。

こちらが見えていることを、相手に気付かせない。気付かれてしまったら、執着されるから、と。

そういえば、取材中に目を逸らす人、目を合わせてこない人などもいたが、思えばそれは人見知りということでなく、日常的な自衛習慣がそうさせていたのかもしれない。

そして、逃げて逃げて、逃げ切れるまで逃げる、というもの。

何処かに置いてくる、川を渡る、人混みに紛れる、別の誰かに押し付ける、などなど。

免許持ちで車持ちだった坂口さんは、車の後を付けてくる異形をそれで振り払っている。

そして、自力で祓う。

何らかの作法か、精神修養の果てに獲得したか、武道を研鑽している人が力技で霊を祓ったという事例も、これまでになくはない。

神様憑きであるところのお二人のそれは自力というのとは少し違い、話を聞く限りでは実際には龍神様、山神様の加護、傍目には過保護にすら思えるほどの加護によって護られ、祓われている。

そして、お二人が語る解決策がもうひとつあった。

「食われた」「食ってもらった」「食べてしまった」

というもの。

伺ったエピソードの結びに、屡々そういうものが出てくる。

これは何なのか、ということを確認したところ、

「狐様です」

＊

「神様憑きは引き合う。必ず近くに別の神様憑きがいるか、そうなるか、そういう人同士が惹かれ合う」

既に触れたように、坂口さんの香川の御友人であるところの占い師夫妻は、夫婦共々神

様憑きである、と聞いた。

筑紫さんと坂口さんもまた引き合って出会ったのだろうが、実はもう一人いる。

坂口さん、筑紫さんと同居している、筑紫さんの旦那氏である。

旦那氏は狐憑き、というか、「狐様と縁付いている」のだという。


いつの頃からそういう状況になったのかについて問うたところ、時期はもう判然としないらしい。

「たぶん小学生くらいの頃だと思うんですが」

少年時代の旦那氏は、その日、何処ともしれない社の境内で遊んでいた。

そこは子供が自宅から徒歩で行けるくらいの近所にあった。

それがいつのことなのかをはっきり思い出せないのに、確かに間違いなくそこへ行ったということだけは確信がある。

地図を見て道筋をはっきり思い出せるくらいには、記憶が鮮明だという。

そこは稲荷神社であった。

その境内で一人遊びをしていたようだ。

招かれたのか誑《たぶら》かされたのかは分からない。

が、そこで過ごすうち狐様に魅入られた。いや、見初められた、というべきか。

以来、旦那氏の中に狐様がいる。

件の稲荷神社の場所について訊ねたところ、それはもうなくなっていた。

更地になった、取り壊された、ということではない。

あの路地を曲がって、あの店の先をまっすぐ行って——と、子供時代の記憶を完璧にトレースできているのに、地図上に神社がない。

それどころか、確かにあったはずの道すらない。

子供の頃の話なら、それは記憶違いなのでは、と片付けることもできるかもしれない。

狐様と出くわしたのが、その一度だけなら確かにそう思えたかもしれない。

「それで、狐様は今は何を」

と訊く。

「特に何も。ただ時々、食べたりしてるみたいですよ。異形とか、あやかしとか、そういう類のものを」

なるほど。

*

坂口さんの現在の勤め先は、神奈川県某所の特別養護施設である。ここに、看護師として籍を置いている。

四国から上京した後も、看護師資格と老人看護の経験を活かせる仕事として選んだ。

「救急病院、老健（介護老人保健施設）、ユニット型特別養護老人ホーム、特別養護老人ホーム……ときて、今はまた特養ですね。療養型病棟なら病院勤務もできるんですが、都会には余りないので」

リハビリと元の生活への復帰を目指す老健と異なり、特養は長期の滞在を目的とした利用者が多い。自宅を処分したり家族と離れて、お世話されながら余生を過ごす家としてあるのが特養であるためだ。

もちろん、高齢者が多いので体調の急変などは警戒しなければならないが、特養という施設は本来、言うほど利用者の死亡率が高いということもないのだそうだ。

「ターミナル施設でもない限り、数カ月に一人くらいが相場ではないかと思います。でもここ、ちょっと多いんですよね」

この施設では、数カ月毎に数人ずつ亡くなるペースが、坂口さんが勤め始めてからもうずっと続いている。創立から勤めている古株のスタッフの証言を聞く限り、以前からずっとこの調子のようだ。元々重度高めの利用者を受け入れているとはいえ、このペースは多すぎる。

坂口さんが気付いた限りでは、施設内にはスタッフと利用者以外の〈何か〉が居座っている。

それが原因なのかというと、恐らくそうではないだろうと思われた。

それがいるから利用者が死ぬのではなく、別の原因が人として弱っている利用者を〈堕とし〉ていて、その原因が施設内にそうした〈何か〉を表出させている、のではないか。

坂口さんが原因として挙げたのは土地神の存在である。

ありとあらゆる土地には土地神がいる、という考え方がある。

日本国内に神社のない土地はおよそ珍しく、古来から人が暮らしていた地域や、人が暮らしてこそいないものの、人が〈立ち入るに当たって畏れを抱く場所〉には大抵、社が建てられている。

以前、千年続く神社の祭事の取材の折、「神社というのはその土地の役場のようなもので、土地神様というのはその土地の役人みたいなもんだ」というような話を伺ったことがある。この喩え方は別の土地、別の祭神を祀る別系統の神社の宮司さんからも、概ね異口同音に言われた。

――縁のある神様に手を合わせに行くのはもちろんよいことだが、自分の住んでいる街、職場があって日々通っている街にいる土地神様に敬意を払いなさい。我々人間は、その短い生をこの世で生きる間、土地神様に間借りしているに過ぎないのだから。

……というようなもの。

故に、初詣は一番近い神社に行けとか、神社で手を合わせるときは心の中で自分の名前と住所番地を言ってから。でないと、何処の誰だか分からないから、とか。

こういう妙にロジカル、かつ人の暮らしの実相に寄り添ったところが神道の面白いところではあると常々思っているが、神様の存在というのは「人が拝んでこそ」又は「人が神を意識してこそ」、その存在が補強されるという面はあるのかもしれない。

そして、この特養のある土地にも、土地神様が坐していた。

いた……のだが、その力はだいぶ枯れ朽ちていた。

少なくとも坂口さんが就職した頃には、土地神様はもはや堕ちて〈堕ち神様〉と成り果てていたのだ、という。

土地が悪いから神が堕ちたのか、神が堕ちたから土地が悪くなったのか。

どちらが因果の始まりなのかは分からない。

ともあれ、特養施設がある山間のその土地は、相当力を落としていたことは確からしい。

利用者に一人、元看護師だったというお年寄りがいた。

このお年寄りもまた、恐らくは坂口さんの〈御同輩〉だったのではないか、と思われた。

職業上の大先輩であることはもちろんのこと、〈その方面〉でも何か心得がある方だったようだ。

この方は程なく施設内で身罷《みまか》られた。

死因については、自然死……というか、高齢者なりのあり得べき死だったと思われた。

この方の死と同時に、堕ち神様が消失した。

これは、亡くなられた方が堕ち神様を連れていった、ということだ。

盟約があったのか、どういった約定があったのかは分からないが、力を失って堕ちるばかりだった土地神様は黄泉へ誘われてこの地を去った。

土地を堕としていた土地神様が去ったのだから、これで少しは状況が回復するだろうか、と少し期待した。

この少し後、坂口さんは体調を崩して暫くの間、休職することになった。


坂口さんが休職していたのは三カ月ほどの間だったが、この期間に二カ月だけ派遣で来ていた看護師がいた。

坂口さんの不在中、派遣看護師は勤め始めて然程もしないうちから、同僚に「ここ、おかしくないですか」と訊ねていたらしい。

「この山がヤバい。皆さん、何でこんなところで平気なんですか」

この施設が――ではなく、この山がおかしい。

派遣看護師は、明確にそう言った。

堕ちた土地神様は去った後のことである。

山にはもう土地神はいないはずだが、いたから土地が駄目になったのではなく、いようがいまいが関係なく、この土地はもはや駄目なのだ、ということを言い当てている。

そもそも、この土地は山と言っても樹々が鬱蒼と繁る草深い山、ではない。

もちろん土地神が堕ちる前はそうだったのかもしれないが、今はどちらかというと〈丘陵地を開いた住宅街の丘の途中〉といった具合である。

勾配もあり坂道もある。しかし、土地勘のないはずの派遣看護師はこれを〈山〉と見抜いてそう喩えた。

「今、お休み貰ってるって方――坂口さんでしたっけ。たぶん私と同じじゃないかと思うんですが……あの人、大丈夫なんですか」

この派遣看護師は休職直前の坂口さんとは二日ほど出勤が被っていたそうなのだが、たった数日の同勤にも拘らず自分と坂口さんが同類であると見抜いていた辺り、彼女もまたそういう能力の保有者だったと見てよいだろう。

結局、「こんな怖いところにはいられない」という防衛本能が働いたのか、それとも最初から短期のつもりだったのかは分からないが、坂口さんが復帰する前には職場を去っている。

三カ月が過ぎて坂口さんが職場に復帰してきた。

戻ってみると、施設の雰囲気……というか、利用者の顔ぶれが幾分変わっている。

ロング入所で滞在している利用者が、半分ほども入れ替わっているのである。

そのうちの幾人かは転院や病院への入院など〈生きて〉出ていったのだろうとは思われたが、それでも半数近くは死亡退居らしい。

幾ら何でも〈不幸〉が多すぎる。

堕ちていたとはいえ土地神様の消失ともなると、やはりそこに暮らしている人々に災いを招く、ということか。

ともなれば、堕ちた土地は浄化されなければならない。

が、その辺りは人の領分ではない。

この施設で働き続けることを選んだ坂口さんを案じてか、山の清めを山神様が買って出たらしい。

数日や数カ月でどうにかなるものではないらしく、年単位の長い時間が必要になる。

坂口さんが仕事を休んでいたのは二〇二一年の五月から八月末までで、丁度コロナ禍の第五波の拡散期に当たる。復帰したのは急速なピークアウトが始まった直後頃だ。

やはりというか、復職直後の職場内でコロナウイルス感染症の院内感染が発覚した。

幸い、感染者は数名で抑え込まれ、それ以上の拡大はなかった。

山神様が浄化を始めていなければ、或いはもっと感染被害は拡大していたかもしれないが、その関連性を我々は検証することはできない。


そして二〇二二年春――。

件の特養施設は相変わらずの高死亡率、そして救急搬送率も高止まりしたままで、現役看護師たる坂口さん達の多忙は続いている。

近隣の土地では、以前にも増して不審者情報が多発している。

単純に治安の悪化とも言い切れない。

そのうちのどれほどが人の仕業で、どの程度が人外の仕業なのかは分からないが、いつか土地の浄化が落ち着くまで、山神様の仕事が追いつくまでは坂口さんの周囲に、変事が絶えることはなさそうだ。

＊

お二人への取材は、これまでに対面で二度、時間にしてのべ八〜九時間近くに及ぶ長時間を掛けて行われた。

また、対面取材の前後にも折に触れて細々したお話を伺っており、今もその聴取は断続的に続いている。

巻頭でも釈明しているように、実際のところ神に纏わる話、憑き物、能力者に纏わる話は扱いが難しく、体験者の〈観測〉〈解釈〉に頼るところが大きい。

故に、これら一連のエピソードを怪談、実話怪談としてよいのかどうか、超常の物語としてうまく語れたかどうかについて、未だ明確に確信が持てている訳ではない。

今回、因果の繋がる散発的な出来事幾つかを束ねてはみたが、彼女らの周囲では今後も大なり小なりの出来事が続くのだろうし、僕もまた著者としてこの先もこうした体験を落ち穂拾いのように拾い集めていくことになるのだろう、と思っている。

半ば、能力者の半生記と観察記のような構成に落ち着いたが、このスタイルがこの先も続くかどうかも分からない。

ただ、これまでそうしてきたように、あったることとして書き記すのみである。

――なるほど、宿命《さだめ》である。

〆書き

　どちらかというと、この仕事の最初期からオンライン取材、メール取材、チャット取材など（と酒場取材）が多いほうなんですが、今回は対面取材で聞き取ったお話などが割と多めでした。対面取材では昔はテープレコーダー、ボイスレコーダー、途中でデジカメ動画なんかも使って取材していたんですが、最近はスマホひとつあれば音声収録、動画収録、写真撮影もできて、後でSNSで追加確認なんかまでできてしまうので、スマホ様々です。

　そんな対面取材で八面六臂《ろっぴ》の大活躍をしたスマホ様ですが、昨年十一月の二度目の取材は本編でも登場する埼玉県浦和の山神社の現地（及び駅前のドーナツ屋さん）でも、もうほんとみっちり活用されました。山神社は本編でも「山神神社」でなく「山神社」と表記していますが、これは脱字でなくて、どうも「山神社」が正式名らしいです。天狗様との関連は今回調べられませんでしたが、行く行くはそちらの線も掘り下げてみたいところ。

　僕の地元にも「少なく見積もっても江戸時代初期（二百年以上前）から続く稲荷神社」というのがあるんですが、そちらも神社が今の形になったのが明治頃と新しく。神仏習合、廃仏毀釈、神仏分離などなど日本の歴史の中で何度となく神社仏閣は翻弄されてきたと思うんですが、その過程で祭神が不明になったりルーツ不明になったり行方不明になったりしている神社は、僕らが思っている以上に多いのかもしれません。「神社があるのに神様がいない」とかいう社がそこかしこにあったら、さすがにちょっと怖いですよね。

個人的にはこの山神社の取材の直後、累計四、五時間分の録音データが喪失しかけたのが何より怖かったんですけどね。飲み屋で一人打ち上げの最中に喪失が発覚しまして。筑紫さんの弁によると「新参のあやかしものによるやらかし」とのことでした。やめてよお。

今回、現物を譲り受けたマリア像ですが、こちらは僕の手元に置いておくのも何ですので、読プレ……いや、信仰篤い方のお手元に送り出し、お譲りするのがいいような気もするので、提供者の方の許諾を頂戴してお知らせします。以前も髪の毛が伸びるリカちゃん人形をとある編集部のビンゴで当ててしまったことがあり、そのときもトークライブの景品で譲ってしまったので今は所在不明です。あの人形持って帰った人、元気にしてるかな。

そのマリア像の提供者の方から「今度はコケシを発掘したんだけど」という連絡を本稿執筆中にお知らせいただきました。そっちはまだ詳細を全く聞いていないのですが、マリア像だのコケシだの……あの人、そのうち呪いの日本人形を発掘して持ってきそうで怖い。

というわけで、次の機会にまた。

二〇二二年　皐月　　加藤　一

本書の実話怪談記事は、「弔」怖い話のために新たに取材されたものなどを中心に構成されています。快く取材に応じていただいた方々、体験談を提供していただいた方々に感謝の意を述べるとともに、本書の作成に関わられた関係者各位の無事をお祈り申し上げます。

「弔」怖い話

2022年6月6日　初版第一刷発行

著者……加藤 一
カバーデザイン……橋元浩明（sowhat.Inc）

発行人……後藤明信
発行所……株式会社　竹書房
〒102-0075　東京都千代田区三番町8-1　三番町東急ビル6F
email: info@takeshobo.co.jp
http://www.takeshobo.co.jp
印刷・製本……中央精版印刷株式会社